WENDELL TOLEDO

CRIATIVIDADE EXPONENCIAL

Copyright© 2021 by Literare Books International
Todos os direitos desta edição são reservados à Literare Books International.

Presidente:
Mauricio Sita

Vice-presidente:
Alessandra Ksenhuck

Capa, diagramação e projeto gráfico:
Gabriel Uchima

Revisão:
Ivani Rezende

Diretora de projetos:
Gleide Santos

Diretora executiva:
Julyana Rosa

Diretor de marketing:
Horacio Corral

Relacionamento com o cliente:
Claudia Pires

Impressão:
Impressul

Dados Internacionais de Catalogação na Publicação (CIP)
(eDOC BRASIL, Belo Horizonte/MG)

T649c   Toledo, Wendell.
         Criatividade exponencial / Wendell Toledo. – São Paulo, SP:
         Literare Books International, 2021.
         14 x 21 cm

         ISBN 978-65-5922-070-0

         1. Literatura de não-ficção. 2. Pensamento criativo. 3.Tecnologia.
         I. Título.
                                                        CDD 153.35

Elaborado por Maurício Amormino Júnior – CRB6/2422

Literare Books International.
Rua Antônio Augusto Covello, 472 – Vila Mariana – São Paulo, SP.
CEP 01550-060
Fone: +55 (0**11) 2659-0968
site: www.literarebooks.com.br
e-mail: literare@literarebooks.com.br

WENDELL TOLEDO

CRIATIVIDADE EXPONENCIAL

SUMÁRIO

INTRODUÇÃO 7

CAPÍTULO 1
O QUE É CRIATIVIDADE EXPONENCIAL? 11

CAPÍTULO 2
MINDSET EXPONENCIAL 15

CAPÍTULO 3
DESBLOQUEIO CRIATIVO EXPONENCIAL 25

CAPÍTULO 4
CRIATIVIDADE QUÂNTICA..33

CAPÍTULO 5
OS DESAFIOS EXPONENCIAIS.....................................43

CAPÍTULO 6
OPORTUNIDADES EXPONENCIAIS 53

CAPÍTULO 7
CARACTERÍSTICAS EXPONENCIAIS (EXO) 65

CAPÍTULO 8
EQUIPES E CULTURA EXPONENCIAIS 83

CAPÍTULO 9
ADMINISTRANDO O CAOS CRIATIVO 97

CAPÍTULO 10
AS 3 LEIS DA DISRUPÇÃO 109

CAPÍTULO 11
EFEITOS DE REDE 125

CAPÍTULO 12
TECNOLOGIAS EXPONENCIAIS 131

CONSIDERAÇÕES FINAIS 143

INTRODUÇÃO

Segundo o Fórum Econômico Mundial, a criatividade e a capacidade de resolver problemas complexos são algumas das características do profissional do século XXI. Mas, de fato, quando é a que a criatividade foi menos importante? Nunca!

A criatividade sempre foi fundamental e um grande diferencial, mas o que ocorre é que agora podemos alcançar resultados extraordinários unindo imaginação e exponencialidade de maneira escalável, impactando a vida de milhões e até bilhões de pessoas. E isso muda muita coisa. Os resultados podem ser obtidos em esfera pessoal, profissional e até mesmo global, a depender dos seus objetivos, sonhos e propósito de vida.

Com os conceitos deste livro, você já poderá aplicar os conhecimentos adquiridos no seu dia a dia, na sua organização ou em seus projetos pessoais, impactando outras pessoas e criando abundância para si e ao seu redor. Encontrará o produto de muito estudo e, principalmente, resultados práticos que obtive. Venho acompanhando os resultados do que aplico também na vida de pessoas que mentoro, dando *insights*, abrindo a mente e dando recomendações para ajudar a conquistar resultados de grande impacto.

CRIATIVIDADE EXPONENCIAL

Mas para que isso ecoasse também na vida de mais e mais pessoas, decidi dividir esses conhecimentos e transformá-los em um livro para que você multiplique na sua vida, carreira ou organização. O fato é que muita gente está perdendo o rabo do cometa; quem não entrar no fluxo exponencial poderá ser engolido por ele, se tornando mero consumidor e não protagonista desse momento que não mais parará; pelo contrário, só acelerará.

Você poderá utilizar este livro para aplicar os conhecimentos na sua organização, implementando alguns exemplos com sua equipe ou pares, bem como utilizar esses mesmos métodos para gerar resultados enquanto indivíduo, uma vez que identificará oportunidades em diferentes esferas da sua vida. Ao longo desses anos à frente de empresas e projetos de crescimento exponencial, constatei que não existem empresas de *mindset* exponencial sem pessoas que lideram o processo de crescimento de maneira estruturada, uma vez que controle não faz parte da exponencialidade.

Um dos principais assuntos que abordo no livro é *mindset* exponencial. A criatividade é um dos ingredientes de combustão, o uso de novas tecnologias é um dos componentes fundamentais, mas é a capacidade de execução que vai fazer você explodir como um foguete.

No final de cada capítulo, encontrará uma tarefa. Por mais que ache que não precisa, faça. Isso ampliará sua perspectiva e o ajudará a ter microrresultados. Dessa maneira, empilhando um a um, ao término do livro, você terá outra visão e outro patamar de eficácia.

Como bônus, no final do livro, você encontrará um *QR Code* para acesso a um material complementar exclusivo, que inclui o resumo dos capítulos deste livro em vídeo, narrados por mim e alguns outros materiais visuais. Basta ir até a sessão final desta obra, apontar a câmera do seu *smartphone* para acessar o conteúdo.

Quando lê algo, entende; quando aplica, de fato sabe. Como disse o filósofo Epicteto: "É impossível para um homem aprender aquilo que ele acha que já sabe". Portanto, lendo e aplicando o conteúdo deste livro, você escolheu seguir o caminho do crescimento exponencial, já que estimularei a exercitar esse *mindset* durante os capítulos.

Parabéns pela escolha do livro e bom aprendizado!

Wendell (@wendelltoledo)

CAPÍTULO 1
O QUE É CRIATIVIDADE EXPONENCIAL?

Criatividade exponencial é uma pessoa, um grupo ou uma instituição combinar a criatividade – que é o potencial criador de uma pessoa ou grupo de pessoas – a tecnologias exponenciais para resolver problemas reais de maneira escalável.

Quando algo é criativo?

Algo criativo pode ser uma solução diferente da convencional, que usa recursos diferentes, combinações inusitadas, perspectivas fora do normal e questiona o *status quo*. Isso não quer dizer que é bom ou ruim, são apenas algumas características que, isoladas e sem objetivos reais, não servem para muita coisa.

Quando algo é escalável?

No contexto deste livro, escalável é algo que tem como característica a possibilidade de replicar – em grande escala – o resultado de uma ação, sem que precise aumentar a energia empregada para gerar resultados maiores. Uma empresa não

CRIATIVIDADE EXPONENCIAL

escalável precisa aumentar seu custo marginal proporcionalmente ao resultado que quer obter para crescer. Por outro lado, uma empresa escalável muitas vezes reduz o seu custo marginal por unidade à medida que cresce.

Para ficar ainda mais claro, uma rede de hotéis convencional (não exponencial), se quiser ter mais 100 quartos disponíveis, terá que investir na construção de um prédio, decorá-lo, mobiliá-lo, contratar funcionários e investir em *marketing*, para locá-los. Já o Airbnb, empresa global de compartilhamento de quartos e imóveis não tem um único empreendimento físico em sua posse. O serviço conecta quem precisa se hospedar a quem quer alugar seu espaço. O Airbnb já tem valor de mercado maior que qualquer rede de hotéis do mundo.

Quando algo é exponencial?

Para explicar o que é algo exponencial, temos que reforçar o que é algo linear. Algo linear é uma escala de maneira previsível de forma que o esforço empregado em uma determinada ação gerará o resultado proporcional desse esforço. É previsível e linear: 1, 2, 3, 4, 5... Já em algo exponencial, a escala (cresce) progressivamente, de maneira desproporcional ao esforço empregado.

Empresas lineares crescem 10, 20, 30% ao ano. Empresas exponenciais têm características de dobrarem ou até triplicarem a cada ano, quando não mais. Veremos adiante o conceito 10x. Tanto que os fundos de investimento de capital de risco chamam o crescimento de faturamento de uma empresa exponencial de "triple, triple, double, double". Triplica, triplica, dobra, dobra (3,6,8,10).

O fato é que tanto iniciativas empresariais quanto pessoais podem gerar resultados exponenciais, caso se aproveitem de estratégia, *mindset*, tecnologia, métricas e execução.

Impactos da criatividade exponencial

Quando você combina criatividade com *mindset* de crescimento exponencial, tende a atingir resultados extraordinários, gerar impacto positivo, financeiro e pessoal, em sua vida profissional ou em sua empresa. A quantidade de organizações e pessoas que têm tirado proveito disso é cada vez maior. E você não ficará de fora.

CAPÍTULO 2
MINDSET EXPONENCIAL

As pessoas consideradas "criativas" trazem ideias de grande valor e, geralmente, estão vinculadas ao segmento artístico, de arquitetura, da propaganda ou do entretenimento. Mas não ficam restritas a esses perfis profissionais somente. Inovar não é escalar e vice-versa. Isso quer dizer que a criatividade não pode ser um fim nela mesma.

Quem alia criatividade ao *mindset* exponencial – e outros "ingredientes" que verá adiante – são pessoas disruptivas, que questionam o *status quo*, mas, e principalmente, colocam suas ações em prática, com objetivo de criar algo novo, utilizando menos recursos, de maneira mais rápida, em grande escala, gerando mais valor ao objeto para o qual sua solução foi criada ou a narrativa que explora, mesmo que esteja em um contexto intelectual.

A criação exponencial de valor intelectual, pelo *mindset* de crescimento, é tão relevante quanto a criação de valor por produtos ou serviços, pois imprime uma visão que muda perspectivas de milhões ou bilhões de indivíduos que, por sua vez, mudam outras realidades.

Perfil de uma pessoa com criatividade exponencial

Você não identificará uma pessoa com criatividade exponencial olhando o seu modo de se vestir, de cortar o cabelo, pelos óculos com a Cor Pantone do ano que ela usa. Ao menos as que conheço não são nada caricatas. Esqueça o modelo criativo doidão. Eu não conheci nenhuma pessoa de *mindset* de criatividade exponencial que fosse excêntrica como um pavão, no sentido da sua apresentação visual e comportamento. Muitas vezes nem são tão divertidas quanto você pode achar, nem de longe isso é sinal de criatividade exponencial. Para mim, tudo isso é linear, mesmo que tenha atingido certa escala em algum momento.

Pessoas com criatividade exponencial são reconhecidas por seus resultados, são inspiradoras e não apelativas. São mais constantes e determinadas, são verdadeiramente obstinadas. Sabem que sua visão pode transformar a realidade ao seu redor para melhor e esses resultados deixam marcas na sociedade a longo prazo. E essa visão é o extrato da sua criatividade exponencial.

Essas pessoas não sabem como vão chegar a concretizar aquela visão, mas sabem que será concretizada à medida que aplicarem o modelo mental de execução para a realização igual ou até superando o que imaginaram. Se falharem, começam em outro patamar. Quando entendem que algo é relevante, não guardam a informação com medo de que alguém roube suas ideias, implementando algo ou ganhando os louros por sua criatividade. A criatividade e o *mindset* não são fins em si mesmos; os resultados e impactos são mais importantes.

Como pensa alguém com mindset de criatividade linear (não exponencial)?

A pessoa vê um problema e se propõe a resolver, pensa em como melhorar os resultados obtidos por um modelo de eficiência ou de acréscimo de algo que eleve o nível daquilo. Claro que o objetivo é excelente e os resultados podem ser tão bons quanto.

Vamos supor que eu tenha um produto de um tipo de mercado tradicional e que as vendas desse produto estejam com pouco crescimento. O propósito é aumentar as vendas. Então, essa pessoa buscará formas para melhorar a distribuição, ajustar canais, melhorar a logística, aumentar margens. Tudo certo e seguindo o que mandam as boas práticas de melhoria de eficiência e retorno sobre investimentos. Problema parcialmente bem resolvido.

Se for apenas um profissional liberal que quer ter mais clientes, vai pensar em formas de agregar valor ao seu serviço de maneira que possa atender mais em menos tempo, ou cobrar mais pelo mesmo serviço. Melhorará seus conhecimentos específicos e se aprimorará mais e mais, considerando que seguirá por aquela profissão até os últimos dias, até sua aposentadoria. Por conta do seu modelo pautado em segurança, sempre pensa em como não perder, com isso, na maioria das vezes, o máximo que consegue é passar uma vida melhorando seus resultados linearmente.

Quando tem alguma visão ou ideia, evita dividir com alguém, pede segredo e que assine um NDA *(Non-Disclosure Agreement*, Acordo de Confidencialidade em português), pois existe a preocupação que alguém se aproprie daquela

CRIATIVIDADE EXPONENCIAL

ideia, coloque em prática e fique com os louros e resultados da sua criação. Cria um planejamento detalhado para a realização daquele plano e coloca cada um, passo a passo, não medindo os recursos até implementá-los.

Quando gestores trabalham num modelo vertical, em que as ordens são dadas de cima para baixo, baseadas na missão e nos valores da organização de forma que o poder esteja sempre com os *heads* da companhia, apenas distribuem alguns benefícios a mais para quem atingiu as metas arduamente. Esses gestores não estão alinhados com os objetivos do todo.

Eles têm baixa tolerância ao erro, pois geram prejuízos e a organização não pode se dar ao luxo de perder. Promovem pesquisa e desenvolvimento para aprimorar seus produtos, serviços e ações, que não são escaláveis e isso pode ter origem no tipo de mercado, produto ou serviço escolhido ou por uma saturação natural do sistema. Eu mesmo já vivi isso e mais um pouco.

Por não querer (ou poder) perder mercado, reduzir margens e aumentar custos, o foco está na otimização até o momento em que a própria organização se deteriora. A gestão com essa mentalidade é o vírus que destrói o próprio hospedeiro. O foco está no *status* interno da organização e dos seus líderes, pois são a razão de existir da companhia.

IMPORTANTE: pensar e agir de maneira exponencial não quer dizer que você só deva fazer coisas escaláveis. No começo, não é assim. É normal você ter que fazer coisas não escaláveis no começo e, a partir do momento que entende o que de fato vai fazer seu objetivo crescer, investir tempo, dinheiro e energia no que precisa de fato escalar, na hora certa. Do contrário, com o intuito de serem inovadoras e disruptivas, as pessoas tentam usar ferramentas e automatizar tudo, quando muitas vezes não está na hora certa e acabam desviando de rota, complicando. Uma das características da inovação é justamente eliminar o óbvio e acrescentar o significativo.

Como pensa alguém com o mindset de criatividade exponencial?

Se eu tiver o mesmo produto e o problema seja resolver os produtos que estão estagnados, no mesmo mercado, a pessoa vai querer reinventar o mercado do completo zero, criar uma disrupção de maneira que os produtos criados a partir daí estejam alinhados com as necessidades latentes do consumidor e que possam ser escaláveis do ponto de vista de produção e distribuição. Problema efetivamente "bem-criado" para todo o resto do mercado.

Já o profissional liberal com perfil exponencial, quando sabe que sua profissão pode deixar de existir da maneira que é hoje ou mesmo deixar de existir para sempre, buscará estudar e se reinventar constantemente sem se apoiar apenas na sua formação convencional e não se pautará em títulos ou em estado profissional fixo. Sabe que a complexidade, a disrupção e a volatilidade fazem parte do mundo caótico em que vivemos; afinal, a única coisa certa é que tudo muda o tempo todo e de maneira cada vez mais acelerada. Seu *mindset* é pautado em crescimento, então nunca perde ou ganha, aprende se tornando ainda melhor.

Se essa pessoa tem alguma visão que considera relevante, divide com o maior número de pessoas possível e colhe *feedbacks*. O modelo de negócios é simplificado e desenhado em um *Business Model Canvas* para, posteriormente, verificar a hipótese pelo MVP (*Minimum Viable Product*) e lança, mesmo que em versão beta, a sua ideia para validá-la e, assim que identifica que é uma oportunidade, acelera para escalar o mais rápido possível.

"Contrate gente boa e a deixe em paz."

Gestores com esse perfil trabalham num formato horizontal, em que os seus pares ou subordinados tenham poder para realizar seu trabalho, baseado na cultura e no propósito transformador da organização, que normalmente estão alinhados com suas aspirações. Têm alta tolerância ao erro, desde que se erre barato, rápido e nunca na mesma coisa. Promove testes o tempo todo como parte do processo contínuo de inovação.

Do ponto de distribuição dos resultados, utilizam modelos baseados em *partnership* ou *stock-option*, unindo a empresa em uma visão de supercrescimento em que a meritocracia é recompensada com a valorização das ações e do sentimento de dono de cada membro participante do crescimento exponencial.

WENDELL TOLEDO

Seus produtos, serviços e ações inovadoras, em constante reinvenção, estão sob autoquestionamento, às vezes até mesmo atacam o próprio modelo, pois o ataque externo é inevitável e isso os impulsiona a inovar constantemente. A razão de existir da organização está em um propósito transformador comum, que é uma simbiose entre fundadores, colaboradores, clientes e, muitas vezes, a comunidade que gira em torno desse sistema.

O objetivo deste capítulo não é criticar um modelo e louvar o outro, como uma luta entre o bem e o mal, o bom e o ruim, mas questionar o primeiro, apresentar o segundo para que identifique onde está, aonde é possível chegar e o que fará daí para a frente. É como olhar do outro lado do muro; se vai pular ou não, é problema seu; mas depois de saber, não tem mais como ignorar.

O primeiro modelo ainda é o que pauta a sociedade, mas está muito claro que mercados inteiros estão ruindo e deixando de existir; alienar-se a esse fato traz consequências. Profissões seculares estão acabando da noite para o dia. Produtos e serviços, que eram a base da sociedade, estão sendo dizimados do dia para a noite ou sendo reinventados do completo zero. Pode parecer que isso está acontecendo de maneira inesperada, mas não é exatamente assim.

O problema é que nos acostumamos com o normal, com o que nos parece bom ou aceitável e não questionamos o porquê de as coisas serem como são, pelo simples fato de terem sido assim, mesmo que isso não nos traga grandes benefícios e/ou incômodo. Porém recursos financeiros, humanos e naturais estão sendo consumidos de maneira impensada, simplesmente por essa falta de questionamento, e alguns "revolucionários" vêm assumindo essa tarefa para o restante da sociedade.

Se pensarmos que há 100 ou 200 anos inovar era muito complicado e exigia a energia de uma vida inteira em função da escassez de recursos, isso já não faz mais sentido hoje, dada a abundância de recursos de toda ordem que está à nossa disposição.

"As inovações não começam mais apenas nas garagens do Vale do Silício. Muitas vezes, começam em um *smartphone* ou provenientes de um MVP em qualquer lugar do mundo, enquanto alguns dormem."

Isso é maravilhoso, pois dá acesso a um número incrivelmente maior de pessoas a expandirem as potencialidades a um nível mais elevado ou até mesmo a liderarem processos de mudanças no consumo, comportamento e na sociedade.

Tarefa

Todos nós temos características exponenciais e lineares, pendendo para um determinado lado ou para o outro a depender do momento. É uma força ambígua, como qualquer outra; e o que você foca, expande. Portanto, o objetivo dessa tarefa é que identifique quais características estão mais alinhadas aos resultados que quer obter para atingir resultados exponenciais.

IDENTIFIQUE SUAS CARACTERÍSTICAS			
Lineares	**X ou √**	**Exponenciais**	**X ou √**
Baixa tolerância ao erro.		Tolera erros e promove testes e *loops* de aprendizado.	
Missão, visão e valores.		Propósito motivador transformacional.	
Gestão vertical.		Gestão horizontal.	
Mindset ganhar ou perder.		*Mindset* ou ganha ou aprende.	
Prefere a segurança.		Prefere o crescimento.	
Mantém as margens de lucro.		Foco na inovação e reinvenção.	
Foco na carreira.		Foco no desenvolvimento.	
NDA - acordo que garante a autoria das ideias.		MVP - Método de teste de ideias no campo de batalha.	
Planejamento detalhado.		*Canvas* - Modelo de negócios simplificado.	

CAPÍTULO 3
DESBLOQUEIO CRIATIVO EXPONENCIAL

Um dos motivos pelos quais muitas pessoas não atingem o potencial máximo vem de bloqueios criativos; e, acrescento a isso, bloqueios exponenciais. Pais e professores opressores são os maiores bloqueadores de criatividade e, por conseguinte, do desenvolvimento de uma mentalidade de crescimento. Isso, na maior parte das vezes, ocorre na infância. Se você for adolescente ainda, pode pensar em reclamar algo, mas se já tem maturidade para ler este livro, assuma as rédeas da sua vida e dos aspectos emocionais que o impedem de ter resultados e vá para cima, seja na parte criativa ou em qualquer área. A verdade é que ninguém está nem aí para os meus e os seus problemas. Só quem pode mudar o jogo somos nós mesmos.

Na infância, críticas excessivas ou até mesmo superproteção podem bloquear o desenvolvimento de uma mentalidade exponencial, criativa e realizadora. Os bloqueios são percebidos tanto para quem é tido como criativo, quanto para pessoas com perfil mais comumente voltado para a lógica. Duas crenças que, durante os meus primeiros anos como profissional, por intuição, confrontei e venci foram o "dilema do criativo improdutivo e a do *nerd* travadão". Vou explicar como funciona isso.

CRIATIVIDADE EXPONENCIAL

Quando alguém diz: "quem é criativo é desorganizado", essa pessoa implanta um *chip* mental de alguém que ainda está tentando construir a autoimagem e personalidade, que tem atitudes e expressões criativas, que não sabe administrar processos nem a si mesmo, não gosta de números, não pensa de maneira estruturada e não tem resultados expressivos. É como se essa pessoa vivesse no mundo das ideias. Então, seu cérebro pode ter feito uma conexão com alguém que você conheceu, que tinha um perfil similar, excêntrico, que tinha ideias inovadoras, que pensava de maneira diferente do convencional, com habilidades específicas vinculadas a algum tipo de arte.

Daí o paradigma antiquado do artista caricato que nos é vendido; e alguns até gostam. Por conta dessa perspectiva ultrapassada e míope, foram enquadrados nessa pequena gaveta: artistas, *designers*, arquitetos, músicos, entre outros.

Nesse momento, quem ouviu esse comentário ou crítica pode ter se conectado ou se identificado de alguma forma e pode ter pensado: "o que essa pessoa está falando faz sentido. Eu tenho um pouco disso mesmo". Então, toda vez que alguma referência se mostra similar a esse conceito e aparece algum problema lógico e desafiador para resolver, o cérebro – poupador de energia que é – diz que é melhor deixar isso para as pessoas de "exatas", já que você era mesmo de "humanas". E a cada dia essa personalidade se cristaliza de maneira caricata em sua mente.

Alguém tão medíocre quanto a primeira pode ter falado: "quem é de exatas não pensa fora da caixa". Nesse momento, essa pessoa implantou em nosso *software* biológico o código:

<quem gosta de números>
<não é criativo/>.

Quem é organizado é bitolado, antissocial e *nerd*. Não sabe pensar fora de uma estrutura lógica e não tem capacidade de criar. Imediatamente, começamos a pensar em alguma pessoa com essas características e, se por acaso sua professora de matemática fosse assim, pronto! A caricatura estava feita. Nós começávamos a copiar as atitudes dessa pessoa, por uma questão de identificação superficial; com o passar do tempo, se cristalizava. Essa relação ia se ampliando, nossa professora percebia em nós uma similaridade com seu jeito de ser e adorávamos a identificação. Então, tínhamos certeza de que o paradigma que nos foi apresentado era verdadeiro. Às vezes nos dava certa preguiça de achar soluções diferentes das óbvias e era mais fácil justificar dizendo que não éramos mesmo criativos.

Para resolver esse problema, apresentarei aqui uma visão diferente de ambos os conceitos. Essa visão de ter grande facilidade para algo não necessariamente representa dificuldade extrema e inviolável da outra. Cada um decide no que quer acreditar. O problema é que isso é um bloqueio que limita muita gente a crescer e atingir o seu potencial máximo. E ainda mais, contribuir com esse potencial, deixando de gerar o máximo de valor, para si mesmo e para a sociedade.

Uma das maneiras mais simples, contudo, poderosas de elevar o potencial exponencial das pessoas e das ideias é inserindo o terceiro componente, a execução. Parece ser o mais simples, mas é o que menos as pessoas fazem.

CRIATIVIDADE EXPONENCIAL

Quem nunca ouviu a máxima: "uma ideia não vale nada". Uma boa ideia, bem executada, utilizando tecnologia e se impactar milhões de pessoas, não tem preço. Temos a capacidade de sermos o que quisermos e, se usarmos algo que chamo de DNA Exponencial, nada pode nos segurar.

O DNA do Humano Exponencial é formado por duas características complementares, uma tecnológica e uma de combustão.

1. Criatividade

2. Gestão

3. Tecnologia

4. Execução

A inspiração, imaginação e a criatividade **(1)**, mesmo com uma pitada de caos, são ingredientes que têm poder ilimitado. A gestão **(2),** nesse contexto, tem o sentido de estruturar as ideias, como um lego ou quebra-cabeças, e colocá-las sobre uma perspectiva viável, racional e estruturada, da mesma maneira que um cientista prova suas teorias por meio de cálculos, para que as ideias não pareçam ridículas e impossíveis.

As tecnologias **(3)** existentes tornam viável a escala de distribuição da ideia materializada em produtos, serviços, processos ou mesmo outras novas tecnologias. A execução **(4)** e a capacidade de realização geram combustão, acendendo o fogo da realidade, dando forma concreta à criação. Em resumo, tornam-na realidade de fato.

Lembre-se de que muitas pessoas pensaram em tecnologias que um dia vieram a existir, só que pelas mãos de outras ou baseadas em fórmulas anteriores. Infelizmente, esses indivíduos, por estarem bloqueados, não tiveram confiança para assumir seus compromissos, como protagonistas e realizadores. Em outros casos, a tecnologia para a realização não estava disponível ou bem desenvolvida. Vide a história do criativo e realizador de Leonardo da Vinci.

A seguir, você encontrará as suas primeiras tarefas. O motivo de as fazer é tirar as ideias da cabeça e as colocar em um *framework*. Isso ajuda a iniciar a materialização das ideias e a já ter microrresultados em termos de desenvolvimento de *mindset*.

Faça as tarefas. Depois, continue a leitura.

Tarefa 1

1. Liste os bloqueios, traumas ou medos que o têm impedido de ser uma pessoa mais criativa ou com um *mindset* de pouco crescimento.

2. Identifique em qual momento da sua vida esse bloqueio foi criado. Lembre-se de que o objetivo aqui é voltar ao primeiro evento em que esse bloqueio ocorreu. Pode ter sido gerado por algo que seus pais lhe disseram ou alguma atitude de um professor.

3. Tente se lembrar da emoção que teve na ocasião do bloqueio, vergonha, medo, constrangimento ou outra;

CRIATIVIDADE EXPONENCIAL

4. Transforme, ainda com a cena em mente, a lembrança por ira, um sentimento de braveza contra a situação, não contra a pessoa que iniciou o evento;

5. Aperte, se sentir muita raiva, uma mão na outra liberando a energia;

6. Liberte, ainda com a cena em mente, a pessoa causadora do primeiro evento, deixando-a livre e a fazendo sair de sua lembrança com a sensação ruim que o prendia no passado;

7. Sinta agora como é estar livre desse bloqueio, mais leve e capaz para realizar o que quiser.

NOTA: a tendência é que alguns leitores não façam esse exercício por causa das suas crenças. Reforço que esse é um livro de *mindset* e execução, não dá para falar sobre crescimento exponencial sem falar de mentalidade. Essa tarefa é o primeiro passo.

Quem tem mentalidade linear, escassa e bloqueios emocionais muito grandes, em geral, não atinge seu potencial máximo. A decisão é sua sobre o que fazer.

Tarefa 2

1. Crie, com os ingredientes do DNA Exponencial – criatividade, gestão e execução –, um produto, serviço ou ação com potencial de crescer e impactar exponencialmente seus clientes, empresa ou sociedade;

2. Comece por um tema específico, como: reduzir burocracia de cartórios, melhorar o trânsito, reduzir o custo de frete ou algo que o incomode no dia a dia; depois, amplie para o que afete milhões ou bilhões de pessoas. A criação de algo se torna mais fácil quando o contexto é fechado a um objetivo e não vago ou aberto demais.

CRIE SEU PRIMEIRO PRODUTO, SERVIÇO OU AÇÃO UTILIZANDO O DNA EXPONENCIAL				
Produto, serviço, ação	**Ideia**	**Gestão**	**Tecnologia**	**Ações**
Ex.: Reduzir a burocracia de registros via cartório.	Ex.: Serviço de registro de documentos via WhatsApp.	• Como fazer? • Quem fará? • Qual o custo para fazer? • Quando fará?	WhatsApp.	• Listar ações. • Eu farei. • MVP=R$400. • Hoje.

CAPÍTULO 4
CRIATIVIDADE QUÂNTICA

O s autores que falam e escrevem sobre física ou mecânica quântica têm sempre um capítulo ou foco na questão da criação. Segundo tais teorias, tudo já foi criado na mente universal e o que fazemos é por meio do fluido universal – uma matéria fluida que permeia o universo. Portanto, ao nos sintonizarmos na mesma frequência, utilizando vontade, visualização e sentimentos relacionados à criação, de forma a projetarmos pronta, o universo se encarrega de transformar isso em realidade. Seria como se fizesse o *download* diretamente da mente universal, ou seja, a ideia não é sua, ou só sua, está à disposição para baixá-la nos seus arquivos mentais e colocá-la em prática no plano físico, onde estamos.

É interessante observar que muitas vezes temos algumas ideias que registramos na memória, mas achamos ser bobagem ou do ponto de vista da falta de lógica para aquele momento, ou até por desconfiança sobre a ilusão de tal *insight*. Consideramos a ideia absurda, ridícula ou inviável. Mas, em outro momento, percebemos uma solução similar ou até mesmo igual a que pensamos sendo aplicada na prática. Nesse momento, refletimos: "eu já havia pensado nisso antes". Você entendeu onde entra a questão da capacidade de execução?

CRIATIVIDADE EXPONENCIAL

Segundo a teoria, somos cocriadores do universo por sermos uma fração, uma fagulha energética em expansão de consciência. A teoria diz que tudo é energia, que a energia está em movimento e é manipulável pelo pensamento, desejo e emoções. Por isso, podemos criar ou transformar a nossa realidade e a realidade ao nosso redor, pensamentos geram sentimentos que geram ações que, por sua vez, geram resultados. É um assunto bem complexo de se abordar, pois ainda não tem comprovação científica e envolve também o sistema de crenças e cultura.

Como atuo de maneira prática com as coisas que desenvolvo e com equipes de profissionais notáveis, meu foco sempre foi mais material e realista. No começo, relutei um pouco para escrever sobre isso, mas achei relevante aprofundar. Algumas pessoas consideradas geniais, de feitos históricos e de grandes realizações, pelo que se sabe, utilizavam essas técnicas. Não quer dizer que só isso resolve tudo, mas acho fundamental abordar essa possibilidade.

Segundo os autores dessas teorias, tais realizações são advindas de uma criatividade universal e reproduzidas por seu desejo e sua capacidade de se conectar com essa criatividade "superior" e abundante, colocando em prática no plano físico que conhecemos. De acordo com essa linha de pensamento e dos relatos nessas literaturas, listo alguns notáveis que usaram técnicas baseadas em física quântica e inspiradas na mente universal. Ainda no final deste livro, encontrará as fontes das quais bebi para trazer a você essas ideias e pensamentos, que podem ser inspirações a leituras complementares.

Existem muitos estudos sobre as personalidades a seguir e não é meu objetivo dissecar nenhuma delas, mas apontam para o poder da criatividade e da imaginação, aplicado obstinadamente à resolução de problemas e no desenvolvimento de soluções que geram, de fato, impacto.

Albert Einstein

Em sua infância, Einstein chegou a ser reconhecido como alguém que tinha dificuldade de aprendizado, pois não tirava as melhores notas nem era o melhor aluno em todas as disciplinas. Entretanto, se destacava em todas as matérias relacionadas à ciência, como matemática e física. Aos 17 anos, mudou-se para a Suíça onde estudou e se formou. Recebeu o prêmio Nobel de Física por sua famosa Teoria Geral da Relatividade, a qual prova matematicamente que energia é igual à massa, multiplicada pela velocidade da luz ao quadrado ($E=MC^2$). Einstein usava os conceitos de física e matemática, linguagens que dominava, para provar e trazer à realidade o resultado de sua curiosidade, imaginação e criatividade.

Einstein criou também quatro campos da física quântica, por isso não poderia ser deixado fora da nossa reflexão. Conhecemos o físico por seus feitos e teorias sobre o comportamento dos átomos, dos fótons e do tempo, sendo bem simplista. Inclusive mostrando que, em tese, é possível ir até o futuro, por conta de experimentos realizados a partir de seus cálculos e teorias.

Alguns físicos dizem que, usando de engenharia e muito dinheiro, já é possível levar alguém ou alguma coisa para o futuro; em dez anos de viagem no espaço se passariam 1.000 anos na Terra, por conta da própria relatividade do tempo e por ter viajado à velocidade da luz. O mais interessante é que os

CRIATIVIDADE EXPONENCIAL

estudiosos de física e mecânica quântica levantam que, se toda massa é em última análise energia em movimento e se tudo no universo também é energia, segundo esses mesmos pesquisadores, o futuro já existe. E se já existe, talvez a imaginação, que também é feita de energia e não tem barreiras, possa ir até o futuro, fazer o *download* de uma ideia para aplicá-la no agora. Ao dizer: "Usando de lógica, saímos do ponto A e chegamos ao ponto B. Já com a imaginação podemos chegar em qualquer lugar", Einstein afirmou também que nenhum bom cientista pensa por fórmulas e que o impossível só existe até que alguém prove o contrário. Concluo que, se não pensam por fórmulas usam de imaginação, num primeiro momento. Essas teorias, embora não sejam plenamente aceitas ou comprovadas, têm base científica e seus estudos compilados foram citados inclusive por cientistas do MIT, Berkeley e Princeton.

Thomas Edison

Embora haja muita controvérsia em sua biografia, devido à personalidade, suas realizações não deixam dúvida quanto sua mente criativa tinha visão de futuro, escala e impactos que queria deixar e, de fato, deixou. Edison nasceu em um lar de poucos recursos e seu pai se esforçava para trazer o sustento da família. Por ser inquieto, só teve educação formal durante três meses e a mãe foi a grande motivadora do autodidata e estudioso Thomas Alva Edison (Alva vem do nome de sua mãe).

Ainda garoto, passava grande parte do dia vendendo jornais, doces e frutas dentro de um trem. Todo o seu tempo livre, dividia entre as leituras sobre ciências e experimentos que fazia no porão de sua casa. Aos 21 anos de idade, patenteou sua primeira invenção, a máquina de votar, que até hoje não é usada no país onde foi criada, mas sabemos da importância da natureza dessa invenção, principalmente no Brasil.

Sua história mostra testes e mais testes até conseguir transformar em realidade a sua visão; ele era um obstinado. Embora seja mais conhecido como o inventor da lâmpada elétrica, patenteou 2332 invenções, trazendo à realidade a base para muitas das tecnologias atuais. Ele tinha um *mindset* de crescimento exponencial, pois invertia a lógica de acontecimentos que, para muitos, poderia ser considerada fracasso. Sabia que só seriam fracassos, de fato, se desistisse.

Durante o processo de desenvolvimento da lâmpada elétrica, após concluí-la apenas no 100º experimento, segundo conta sua biografia, Thomas Edison teria dito que não havia fracassado, mas teria descoberto 99 maneiras de como aquilo não funcionava.

Ao dizer: "a melhor visão é a intuição", fico imaginando do que Thomas Edison seria capaz com toda a tecnologia, acesso a dados e capital que temos hoje. Enfim, se ele não está aqui, essas tarefas ficam distribuídas entre nós.

Henry Ford

Considerado o pai dos automóveis, por ter criado inovações consistentes e constantes desde o seu primeiro veículo, Ford teve pouca educação formal, nasceu em uma fazenda que vivia da exploração da propriedade e de uma serraria que tinha. Lá, ele desenvolveu gosto por desmontar e montar equipamentos mecânicos e se transformou em um engenheiro autodidata de motores a gasolina.

CRIATIVIDADE EXPONENCIAL

Foi contratado para ser engenheiro-chefe da empresa de Thomas Edison e, por conta dos seus resultados, Ford trouxe grande soma de dinheiro para a companhia. Montou sua primeira indústria aos 40 anos e, depois de construir 12 veículos, encerrou a atividade por divergência com os investidores. Ao criar a Ford Motors, desenvolveu o primeiro quadriciclo motorizado, o qual foi aprimorando cada vez mais, deixando-o mais barato e completo até transformar sua criação no Ford Modelo T, um dos veículos mais famosos dos Estados Unidos. Esse modelo representou cerca de 50% de todos os veículos vendidos no país.

Uma das muitas histórias sobre Henry Ford conta que, certa vez, ele disse aos engenheiros que trabalhassem em um projeto e entregassem o motor a oito cilindros. Depois de inúmeras tentativas, quando já estavam prestes a desistir, Ford teria dito que não parassem até a conclusão do motor, demorasse o tempo que fosse preciso. O motivo seria que ele já tinha visto o motor em sua mente, por isso já existia, sendo possível a sua replicação.

Ford foi um dos maiores revolucionários da indústria automobilística, não só do ponto de vista de criação de carros, mas também na introdução do processo de esteira, permitindo uma produção em massa e mais barata, bem como atuando na redução de jornada de trabalho e aumento de salários, criando o *benchmarking* de cinco dias de trabalho por semana, com oito horas por dia, quando o padrão anterior era mais extenuante.

Além disso, Ford criou o *partnership*, modelo de venda de ações e participação em suas empresas para colaboradores relevantes, implementando o empreendedorismo e o espírito de dono em sua companhia. A associação de Henry Ford,

Thomas Edison, Harvey Firestone entre outros deu origem ao conceito de Mente Mestra (*Mastermind*®) voltado para os negócios e crescimento dos seus membros. Uma das frases que é atribuída a ele dá mais pistas sobre sua mentalidade: "Se você pensa que pode ou pensa que não pode, de qualquer forma, você está certo".

Algo que normalmente não é abordado na maioria das informações da obra e vida desses personagens é que nenhum deles se colocava como gênio ou que tinha capacidade ou talento especial, o que eles tinham era uma visão clara sobre algo que nascia em sua imaginação, questionando a realidade, acreditavam em suas visões como se aquilo fosse real e o resultado era, de fato, tirar essas informações do mundo das ideias e as transformar em algo concreto. Isso nos mostra o poder de realização da imaginação e da criatividade unido à obstinação e à mentalidade de crescimento exponencial.

Tarefa

1. Pense em alguma "realidade" que o incomode e queira mudar.

2. Responda: se você pudesse criar nova realidade, qual seria?

3. Imagine e visualize em sua mente uma ou duas soluções para isso.

4. Projete-se, mentalmente, no futuro e tente ver isso já acontecendo, sem se preocupar em como isso pode se tornar realidade.

Importante!

Nessa técnica, seu consciente tentará imaginar como isso seria possível e vai começar a buscar estratégias sobre como resolver o problema. Em um determinado momento, ele tenderá a dizer que isso não é possível. A forma de burlar e criar algo é não se preocupar com o "como isso será possível de realizar", mas com a visão pronta, o produto da sua imaginação, como uma fotografia ou filme. A visão é impressa pelo subconsciente. Falaremos mais sobre isso adiante.

Realidade atual:

_____

_____

Realidade que criei (1):

_____

_____

Realidade que criei (2):

_____

_____

Realidade que criei (3):

_____

_____

Essa foi uma técnica para desbloquear sua mente para soluções criativas, de forma que pudesse visualizar nova realidade. Muitas pessoas revolucionárias, do ponto de vista criativo, inovadoras e inventoras fazem isso. Adicionam sensações e sentimentos às suas ideias e trabalham obstinadamente até mudar a realidade.

CAPÍTULO 5
OS DESAFIOS EXPONENCIAIS

Certamente, você tem acesso à *internet* e a um *smartphone*. Essas duas fontes unidas, uma física e outra digital, estarão nas mãos de cinco bilhões e 100 milhões de pessoas, na data da primeira edição deste livro. A expectativa é que, até 2025, mais dois ou três bilhões de pessoas estejam também conectadas. Ou seja, praticamente quase toda a população mundial. Mesmo que não haja água potável ou saneamento básico para todos, dados não faltarão para resolver esses problemas. Acesso é outra coisa bem diferente.

O Facebook, por exemplo, já está trabalhando faz algum tempo em projetos para distribuir *internet* em países em desenvolvimento, com o objetivo de atingir esses "bilhões emergentes". Claro que o Google também está nessa corrida. Só o Brasil conta em média com dois dispositivos conectados à *internet* e, embora você não tenha tido clareza dos números antes, já sabe que a aceleração proporcionada pela conectividade é irreversível.

Há algum tempo sabemos que os dados são o novo petróleo, o bem mais valioso e escalável na era digital. O melhor disso é que esse ativo está descentralizado e não depende mais de grandes indústrias para gerar impacto, abundância e prosperidade. Inclusive empresas que detêm

CRIATIVIDADE EXPONENCIAL

dados e capital na proporção das empresas de tecnologia que citei (em bilhões ou trilhões) têm poderes similares a de países, ou até mais poder.

Outro exemplo é a Amazon, que atingiu o valor de mercado de extraordinário U$S1 trilhão e agora se junta ao time da Microsoft e Apple. Imagine que, a cada dólar que você consome dessas gigantes, dá mais poder a elas e ao seu país de origem. Cada dólar gasto nessas empresas é um dólar a mais no país, que retroalimenta o próprio crescimento. E só faz esse investimento, pois geram valor a você, seja por comodidade, qualidade, acesso ou serviços e produtos inovadores.

As maiores empresas do mundo têm valor de mercado maior que o PIB de qualquer país, exceto EUA e China, sendo que 90% delas têm como base tecnologia, estando entre elas as empresas citadas acima. Uma forma de pensar de maneira exponencial é não se limitar a um pensamento local, mas global. O que pode ser consumido aqui, pode ser distribuído aqui e lá. E, por que não fazemos isso? Alguns fazem, poucos, mas fazem.

Tallis Gomes, fundador da Easy Taxy levou a empresa para expansão em 35 países em quatro anos, e fez sua saída da empresa, vendendo sua participação quando ela já valia quase um bilhão de reais. Empresas nascidas no Vale do Silício têm essa característica. O teste é feito em um nível local, mas pensando em atingir escala global. Normalmente é assim que acontece, por serem as primeiras rodadas de investimentos dos fundos de capital de risco.

As principais empresas listadas pela Global 500 (lista das principais empresas na bolsa dos Estados Unidos) são de tecnologia, e as que não têm esse fundamento em sua área de atuação primária são empresas de investimentos em empresas de tecnologia, que normalmente estão também na lista das principais empresas do mundo. A média do diferencial competitivo de uma empresa que era de 30 anos, em 1984, caiu para cinco, em 2014, e para dois, em 2019. Esta edição do livro foi escrita em 2020.

Isso quer dizer que inovar constantemente utilizando criatividade aliada aos modelos exponenciais é uma das únicas, se não a única forma de se manter relevante. Da mesma forma que benefícios são gerados, uma lacuna enorme se abre, pois as pessoas que estão emergindo serão diretamente impactadas pela criação de uma minoria que conhece os métodos para transformar uma iniciativa, distribuí-la e impactar sua vida. E que tem capital de sobra para isso.

Você pode escolher de que lado quer estar, dos que criam os próprios caminhos exponenciais, impactando também positivamente sua vida e de outras pessoas ou simplesmente ser mais um consumidor. Por outro lado, da mesma forma que é um desafio correr atrás do rabo do cometa que está passando, se pegá-lo terá oportunidades, mas terá que entrar definitivamente e de cabeça nesse fluxo. Esses desafios são pessoais, profissionais, locais e globais.

Desafios pessoais

Não se trata de tecnologia, mas de como cada um pode se preparar para estar em sintonia com os impactos exponenciais, gerados por mentes disruptivas e que usam tecnologia para tanto, de forma que possamos tirar o melhor proveito disso tudo. Seja do ponto de vista financeiro, educacional ou em termos de qualidade de vida.

Desafios locais

Por mais que os números de dispositivos existentes conectados no Brasil sejam praticamente o equivalente ao dobro da população brasileira, isso não quer dizer que as tecnologias aceleradas estão disponíveis para cada brasileiro, apesar de isso acontecer em outros países, considerados em desenvolvimento.

Um em cada quatro brasileiros não tem acesso à *internet*. Ou seja, praticamente 46 milhões de pessoas. Isso gera uma gigantesca lacuna de acesso e, por consequência, uma desigualdade enorme nessa área. Essa diferença pode se dar em diferentes graus, começando pelo acesso à própria tecnologia, passando pela educação, acesso a crédito, serviços, produtos, entretenimento, entre outros aspectos.

Desafios corporativos

No Brasil, temos em torno de seis milhões de empresas, sendo que 1% é de grandes empresas que, em tese, têm maior possibilidade de acesso a tecnologias exponenciais e à inovação. Isso quer dizer que a transformação digital já está incorporada ou em transição rápida nessas empresas. O que não quer dizer que inovação e disrupção também estejam. Veremos isso adiante.

Por outro lado, 99% são pequenos ou microempreendimentos, ou seja, em torno de dez milhões de microempreendedores individuais que não receberão nada de mão beijada. Se não correrem atrás, forem mais rápidos, mais leves e mais baratos que as grandes corporações, ficarão para trás nessa corrida. O lado bom é que empresas pequenas têm, em geral, menos burocracia e, se souberem aliar isso a uma gestão exponencial, podem causar grande impacto e crescer assustadoramente.

Desafios globais

São bilhões de pessoas sem acesso à água potável, saneamento básico, impactadas por mudanças climáticas, doenças e pragas, fome, falta de acesso à educação, comida, moradia, segurança e energia. As tecnologias exponenciais podem ajudar em todas essas áreas e precisam de líderes e protagonistas de movimentos que possam trazer soluções em escala para resolver esses problemas.

Desafios éticos

O Vale do Silício é uma região na Bahia de São Francisco, na Califórnia, conhecida como Silicon Valley. A região é conhecida mundialmente por ser um epicentro de inovação, de onde vem algumas das maiores empresas de tecnologia e grande parte das *startups* de alto impacto no mundo. A Universidade de Stanford, na região, formou fundadores e CEO's de empresas que, somando suas receitas, equivalem ao PIB do 7º país do mundo.

Mesmo assim, a Bay Area é uma região que tem uma população de moradores em situação de rua, estimada em torno de 30.000 pessoas, comparável a São Paulo, mas com um PIB maior, como vimos só analisando algumas empresas da região. A questão aqui é que nada adianta ter mentalidade exponencial se não for para resolver problemas reais da sociedade, principalmente se juntarmos mentes brilhantes e criativas com tecnologias

CRIATIVIDADE EXPONENCIAL

exponenciais e pessoas de boa vontade. Talvez o próximo passo seja nos tornarmos seres humanos exponenciais.

O motivo pelo qual aponto esses desafios, mesmo que de maneira resumida, é para que você fique incomodado, mas também se coloque em uma perspectiva imersiva e positiva, de forma que se identifique com alguma dessas esferas, pois esses desafios afetam a todos nós. Em contrapartida, se fizer um exercício mental utilizando suas habilidades atuais, combinando com a criatividade exponencial, poderá criar soluções para resolver problemas no âmbito pessoal, mas, também, quem sabe, problemas dessa magnitude. Que você pode, não tenho a menor dúvida.

Em minha carreira, já criei projetos, produtos e serviços que têm como base a criatividade exponencial, como *marketplaces*, sistemas de busca por imagem, sistemas que utilizam *blockchain* e plataformas de diversos tipos, usando as tecnologias mais inovadoras. Muitas iniciativas cresceram bastante, uma delas chegando a me gerar mais de 2600% de rendimento antes mesmo de ser lançada.

Geralmente, começo pelo problema que quero resolver. Verifico se existe uma dor que afeta um número de pessoas, algo desafiador, se o tamanho de mercado é grande o suficiente para escalar utilizando criatividade e tecnologia, só então começo o desenvolvimento do *Business Model Canvas* e MVP.

Por isso, sugiro que faça uma tarefa para treinar sua habilidade de utilizar a sua criatividade aplicada a algo real. Reveja os tópicos anteriores, com alguns dos principais problemas a serem resolvidos e combine imaginação e tecnologia para criar algo na tarefa a seguir. Você pode pensar em outros problemas que não estão nessa lista e o afetem. Esses são os melhores problemas e os mais motivadores para se resolver.

Comece com esse modelo simplificado. Caso queira ir mais a fundo, pesquise mais sobre o problema, tamanho do mercado e potencial de escala.

DICA: se for investir em desenvolver algo para algum mercado, avalie a relevância desse mercado ou nicho. Depois de quebrar a cabeça, não invisto em nenhum mercado que gere negócios em um volume inferior a dez bilhões de reais. O motivo é que, se quer criar algo com valor de mercado superior a um bilhão, dificilmente estará sozinho e, para mim, não vale a pena investir.

Essa não é uma regra, pois algumas pessoas podem preferir ter negócios chamados de *lifestyle business*. Nesse caso, a receita e lucro são o suficiente para manter os fundadores com seu estilo de vida. Já o meu perfil é de causar impacto em escala exponencial, tendo como consequência a geração e retorno de valor e resultados financeiros, de forma proporcional aos impactos gerados.

Tarefa

1. Escolha um problema real na lista acima para resolver.

2. Combine com uma ou mais tecnologias exponenciais.

3. Imagine um ou mais tipos de solução para resolver o problema.

4. Cite: qual seria a sua entrega para a solução do problema?

CRIATIVIDADE EXPONENCIAL

5. Liste os impactos positivos advindos da sua solução.

6. Lembre-se de avaliar como monetizará essa solução.

TREINE A SOLUÇÃO DE PROBLEMAS			
Problema (exemplos)	**Escolha tecnologias (exemplos)**	**Suas ideias (foco no problema)**	**Minha entrega (exemplos)**
Alta taxa de desemprego para recém-formados, sem experiência.	Buscador com inteligência artificial para *trainees*.	Solução para cobrir vagas de colaboradores em período de férias, folgas ou licenças com foco em tarefas básicas.	APP para contratação de mensalistas, folguistas ou horistas.

Impactos positivos gerados com a solução criada:

Como você pretende monetizar essa solução:

CAPÍTULO 6
OPORTUNIDADES EXPONENCIAIS

Você já deve ter ouvido falar que na Índia a oportunidade é uma deusa que anda a cavalo. Seus cabelos estão na parte da frente, sem nenhum cabelo na parte de trás da cabeça. Isso quer dizer que, se você não a agarra de primeira e de frente, talvez nunca mais consiga pegá-la. Existem algumas variações dessa história. Nos dias atuais e em minha experiência, a oportunidade está mais parecida com um cometa: rápida, exuberante e abundante.

O fato de as mudanças serem muito rápidas, por conta do uso de tecnologias disruptivas, faz com que quem não se adaptar dificilmente conseguirá liderar movimentos inovadores ou mesmo ter algum destaque em seu setor. Eu mesmo me senti assim cerca de dez anos antes de escrever este livro.

Aos 29 anos, numa época em que esse termo mal era usado, eu já era sócio e CEO de uma empresa que era líder de mercado. Empresa essa que eu trouxe ao país. Estava realizando grandes feitos, sendo uma referência. Eu achava que inovar era apenas propor alguma solução nova ou criar algo antes dos concorrentes para virar tendência. Foi, de fato, o que aconteceu durante minha experiência à frente dessa organização.

CRIATIVIDADE EXPONENCIAL

Nada é perfeito, mas as coisas iam muito bem, obrigado. A empresa crescia, o time também, os prêmios vinham, mas a operação sempre foi muito conflituosa, por conta da própria natureza do negócio. Aliado a isso, estávamos inseridos em um mercado nichado e sazonal. Ou seja, o combustível perfeito para dar tudo errado, mas sempre corrigimos a rota com sucesso. Um sucesso linear. As coisas aconteciam, mas não tinha nada de fácil ou simples. O crescimento de valor percebido da empresa era interessante, mas lento para o meu gosto.

Isso me incomodava muito. Como qualquer empreendedor que quer causar impacto real, não me contentava com um crescimento linear. Mas isso acontecia pelo modelo que tínhamos desenhado e seguíamos desde o início não ser escalável, ao menos de maneira exponencial. Isso significa que para projetar, produzir ou fazer algum serviço em grande escala, você precisa investir proporcionalmente ao nível que pretende atingir ou retorno que quer ter e, ainda assim, não há garantia alguma do retorno. Novamente, pensamento linear não escalável.

Não havia nada de errado no modelo em si, só não estava mais alinhado com meu momento e meus anseios de expansão e impacto. Por outro lado e em paralelo, as *startups* já estavam explodindo, atingindo as curvas de crescimento exponencial.

Como tínhamos resultados na empresa de crescimento linear, achava que os *founders* de *startups* eram sortudos-talentosos ou que tinham resultados por conta do capital que vinha das empresas de *venture capital*, que era abundante. Por causa da minha curiosidade e indignação, comecei a me aprofundar na estrutura dessa revolução e percebi que realmente estava perdendo o rabo do cometa e teria que correr atrás, muito mesmo e de maneira assustadora.

Quando comecei a mergulhar no assunto, minha sensação era de ser um cara com pés de pato, tentando entrar para surfar de peito em uma onda gigante de Nazaré, cidade portuguesa que abriga campeonatos de ondas gigantes, algumas passando dos 25 metros de altura, ou seja, a jornada não seria fácil, mas sou obstinado. Para isso, fui beber nas principais fontes de inovação e disrupção disponíveis no mundo, Harvard, MIT, Singularity University e até imersões no Vale do Silício. E você acha que isso seria o suficiente? É só a propagação da luz do rabo do cometa.

Mesmo ideias inovadoras e disruptivas servem para pouco ou nada, se não forem colocadas em prática. Tive que me empenhar muito para ter a lógica correndo nas minhas células. Eu me lembro de ficar estudando e criando soluções até às 3h da manhã todos os dias, enquanto minha esposa, grávida, vinha me chamar para dormir, sendo que às 6h – ou antes – estaria de pé para o trabalho. Essa completa imersão de mais uma década de estudo e pesquisa, mas principalmente prática, tem como parte do resultado o que multiplico aqui com você, com o maior prazer.

Startups são organizações que têm resultados exponenciais muito claros. Isso talvez você já saiba, mas é sempre bom reforçar o conceito de *startup* e, para isso, vou começar a explicar o que ela não é. Uma *startup* não é uma pequena empresa, ela pode até começar pequena, mas tudo o que fará será para mudar a realidade de um mercado e se tornar gigante, mais rápido, mais barato e com mais resultados que uma organização

CRIATIVIDADE EXPONENCIAL

convencional. *Startup* também não é, necessariamente, uma empresa ou negócio no estágio inicial de desenvolvimento.

O Google, o Facebook e Instagram são consideradas *startups* até hoje, por conta do perfil de gestão e tudo o que elas não são é "pequenas", nem em estágio inicial. Existem várias definições sobre uma *startup*, para mim a junção de algumas torna mais claro o conceito. "Uma *startup* é uma organização criada para desenvolver produtos e serviços de maneira inovadora, com base tecnológica e buscando crescimento escalável das suas soluções".

Por ter tecnologia, no centro do que faz, ao contrário de organizações convencionais, seus custos marginais não crescem na mesma medida que seus lucros e isso a permite escalar ainda mais e mais. Um perigo para concorrentes da chamada velha economia. Abordei o modelo de negócio aqui, pois são organizações que, em geral, têm características de crescimento exponencial, e assim também é o *mindset* das lideranças dessas organizações.

O que não se fala com tanta frequência é que essas pessoas e organizações buscam resolver problemas reais e que atingem uma quantidade gigantesca de pessoas e esse também é um dos motivos pelo crescimento acelerado. São milhões ou bilhões de pessoas impactadas e essa escala passa obrigatoriamente por tecnologia. Claro que existem inúmeros outros fatores e variáveis.

Quanto mais desafiador for um problema e quanto maior o número de pessoas que esse problema afetar, maior é a oportunidade. A mentalidade de uma pessoa ou profissional convencional o faz pensar na solução, sem antes pensar no problema. Se é um problema real, grande e, principalmente, um problema, mesmo que pequeno, e atinge milhões ou bilhões de pessoas.

Problemas exponenciais trazem oportunidades exponenciais. Acho fundamental falar sobre isso, pois assim você consegue pensar por si mesmo em problemas que possa resolver de maneira escalável. Mas isso é uma questão de *mindset*. Esses *insights* servem tanto para empreendedores convencionais, para quem quer inovar e crescer seus negócios, quanto para pessoas comuns que querem expandir suas mentes para um novo jeito de pensar nas coisas.

É uma mudança de chave. Seja como for, é algo que não tem volta, você começará a pensar e, principalmente, agir de maneira exponencial. E é justamente aí que estão as oportunidades exponenciais, ao seu redor.

Olhe para a sua rotina. Hoje é possível fazer quase tudo 10x mais rápido, 10x mais barato e com 10x mais resultados. A diferença de mentalidade entre pares como Netflix e Blockbuster é o que fez a diferença entre a quebra de uns e o domínio de outros. Seja qual for o tipo de serviço ou o tipo de produto, é possível escalar quase tudo. Mas claro que algumas coisas chegam ao teto muito rápido.

Foi assim que fiz na Blachere Brasil (empresa que ilumina os maiores ícones do mundo, como Torre Eiffel, Castelo da Disney etc.), embora uma empresa extremamente operacional e física, quando mudamos os processos inserindo camadas de tecnologia à gestão de equipes externas e internas, nosso NPS (Net Promoter Score – método que mostra a satisfação do seu cliente) foi a 92. Todo o modelo de gestão também foi transformado de forma que o *mindset* da equipe fosse de uma *startup*.

CRIATIVIDADE EXPONENCIAL

Foi essa mentalidade que nos fez transformar a iluminação analógica da fachada de um dos principais *shoppings* do Brasil em uma das maiores mídias digitais da Avenida Paulista, em São Paulo, e o mesmo *mindset* foi o responsável pela decisão de venda da minha participação e saída como CEO da companhia, ao mesmo tempo em que treinei durante 12 meses meu sucessor, de forma que a empresa continuasse a sua escalada.

De maneira objetiva, esse negócio não era tão escalável quanto eu queria e decidi deixá-lo para pessoas que vissem mais valor de longo prazo, de maneira que todos pudessem crescer, no modelo desenhado. De crescimento constante, lucro, atingimento de metas, mas ainda assim linear. Foi excelente, pois isso gerou oportunidade para inúmeras pessoas que mentoreei ao longo da minha transição até o êxito.

É interessante que, durante a negociação de venda dessa empresa (cerca de dois meses), desenvolvi o conceito de um produto financeiro (em poucas semanas), pois seria algo que investiria em escala logo após a formalização da venda da minha antiga empresa. Mas não deu nem tempo de colocar essa inciativa para rodar. O "produto" financeiro também foi vendido. Nesse caso, ainda na concepção.

Basicamente vendi uma empresa estruturada em uma semana e, na outra, já havia vendido outra que estava concebendo. Não posso dar detalhes sobre essa negociação publicamente por questões contratuais. Esse produto certamente vai impactar milhões de pessoas. Eu só fiz a venda, pois tinha outros empreendimentos no meu mapa e, pelos números, me trouxe um bom retorno a curto prazo. A oportunidade aqui foi digitalizar um tipo de serviço financeiro inédito no país.

Em paralelo, desenvolvi a Artluv.net (a esta altura já deve ser Artluv.com), que é uma das principais plataformas de arte do Brasil e a primeira a conectar artistas e vender as suas obras de arte originais para amantes de arte, conectando as duas pontas utilizando o conceito de *marketplace* de arte. Foi a primeira do país, mas ser o primeiro não representa muito. Sempre gostei muito de arte, é algo que me inspirou e motivou desde cedo, sendo que eu mesmo, quando adolescente, "rabisquei bastante", mas claramente queria impactar ainda mais pessoas e não seria dessa maneira.

Meu objetivo e vocação: impactar positivamente mercados inteiros e, a partir daí, impactar pessoas. Desse meu gosto pessoal, nasceu o interesse por ter e colecionar algumas obras de arte originais. Certa vez, ganhei uma obra de um amigo estrangeiro e, como não combinava com o meu perfil, decidi vendê-la.

Quando fui procurar algum lugar para vendê-la, achei um *site*, bem simples, com um formulário para preencher as informações de medida da obra, dados do artista e envio das fotos. O *site* dizia que avaliaria e colocaria à venda e, em breve, daria um retorno. Isso foi em 2016, até hoje estou esperando a resposta.

Então comecei a pesquisar sobre o mercado, avaliei inúmeros relatórios com números setoriais do Brasil e do mundo e se mostrou interessante na ocasião. Identifiquei que expor, vender e comprar arte era um problema, pois tudo estava concentrado nas mãos das galerias físicas. Fiz o produto mínimo viável (MVP) em uma noite, convidei alguns amigos e as primeiras vendas começaram a aparecer já nas primeiras semanas.

CRIATIVIDADE EXPONENCIAL

Nosso objetivo era gerir a relação das principais pontas desse mercado e ecossistema, reduzindo a fricção, facilitando a pesquisa e transação entre ambos.

Como estava atuando em dois empreendimentos ao mesmo tempo, a escala de vendas demorou a acontecer. Mas como nossa base já era grande, mantivemos o *marketplace* e acrescentamos outras funcionalidades, como mentoria (inédito nesse mercado) e apoio à divulgação de *marketing* da nossa base de artistas.

Além de prestarmos serviços também para os artistas, os quais têm como foco o desenvolvimento da técnica e narrativa, não são tão familiarizados com *marketing* e atendimento, com isso também os ajudamos em sua divulgação. Como são milhares de artistas, é inviável fazer com igualdade para todos se não priorizarmos a geração de receita e venda desse benefício.

O mercado de arte é o mesmo há séculos e a oportunidade aqui era grande. Dessa maneira, escalamos com nossa plataforma o que jamais conseguiríamos fazer com uma galeria física, gerindo portfólios, estoque, exposições e artistas individualmente. A Artluv tem milhares de artistas expondo, com milhões de reais em estoque, sem ter uma única obra de arte física em nosso estoque.

Outro problema que identifiquei foi que, durante a pandemia da Covid-19, no início de 2020, por conta da restrição de circulação e o impedimento de aglomerações, feiras, eventos, exposições e convenções de diversos tipos foram fechados impactando diversos mercados. Imagine que milhares de empresas, milhões de pessoas e bilhões de reais pararam de circular de uma hora para outra.

Para desenvolver uma feira de algum setor em específico, são necessárias dezenas de milhões de reais, com centenas e milhares de pessoas, envolvendo logística, recursos físicos e operacionais de toda ordem. Além disso, executivos viajam de diversos lugares para se hospedar, comer, beber e realizar negócios. E se isso pudesse ser feito com uma ferramenta digital?

Esse problema foi visto como oportunidade para mim e meu time. Daí nasceu a Gofair, uma plataforma que digitaliza ações físicas dessa natureza, levando toda a experiência desse tipo de evento para a nuvem, utilizando realidade virtual.

Citei esses exemplos porque você pode pensar nos problemas dos mercados convencionais e como sua empresa pode também tirar proveito desse modo de pensar e agir. Isso também se aplica caso seja um profissional liberal ou um empreendedor. É possível digitalizar praticamente tudo, desde produtos, passando por serviços, processos e até mesmo experiências inteiras. E isso lhe dará escala.

É assim que penso em tudo o que vou desenvolver. Se for para criar algo sem escala, para mim não faz sentido nem do ponto de vista financeiro, nem de impacto ou propósito. Não é sempre que se acerta e muitas vezes não se sabe o quanto acertou de fato ou errou, mas os dados e o *mindset* nunca deixam de ensinar algo e você melhora e aplica o aprendizado na próxima. O importante é aprender rápido, fazer os ajustes necessários também de maneira ágil, gastando o mínimo de recursos possíveis.

Pensando de maneira exponencial e vendo essas oportunidades, você gera escala, aumenta o valor e agiliza o retorno. Todos os mercados têm ineficiências e problemas que podem ser melhorados, mudados ou resolvidos com tecnologia. Nor-

CRIATIVIDADE EXPONENCIAL

malmente, os menos *sexys*, aqueles em que ninguém quer entrar, aqueles em que existem mais problemas são onde estão as maiores e mais escaláveis oportunidades.

Para um profissional, o pensamento exponencial também pode trazer benefícios de natureza escalável. Um dentista pode lotar sua agenda utilizando um *app*, pode reduzir seus custos utilizando um *chatbot*, pode ainda desenvolver um treinamento de alguma especialidade e distribuir via ensino remoto para milhares de pessoas ao mesmo tempo, sem precisar se deslocar. Esse é um mero exemplo, mas serve para qualquer tipo de profissional. O único ponto é que, nesse caso, o profissional vende hora e isso é limitado. Em algum momento, terá que rever o modelo se quiser ampliar ainda mais seu impacto.

Do ponto de vista de sociedade, também existem incontáveis oportunidades na política, na saúde, na segurança, no bem-estar social, no meio ambiente, na indústria, no comércio e na economia. Nada é tão simples nem tão fácil, mas como a tecnologia hoje é mais acessível, é incomparavelmente mais viável transformar a realidade do que décadas atrás. Então, se você quiser, pode deixar uma marca relevante.

Quando falo de exponencialidade, não estou falando apenas de tecnologia, e sim de mentalidade. O que a tecnologia faz é ajudá-lo a potencializar as iniciativas. Ela é meio para atingir resultados e não o fim em si mesma. Um pensamento linear dificilmente cria algo relevante, mesmo com alta tecnologia. Já com pensamento exponencial, mesmo com baixa tecnologia, é possível escalar e impactar pessoas.

Tarefa

1. Levante, pensando na sua empresa, negócio ou área de atuação, um dos principais problemas que você enfrenta.

2. Pesquise sobre esse problema e identifique qual é o volume de pessoas afetado por ele. Idealmente, precisa afetar milhões de indivíduos.

3. Investigue o tamanho do mercado em que esse problema está inserido.

4. Pense em no mínimo três formas de resolver o problema de maneira escalável, para impactar o máximo de pessoas possível, de maneira eficiente, rápida e relativamente barata.

DICA: evite criar soluções para mercados com geração de negócios inferior a três bilhões de reais. Abaixo disso são pequenos demais para escalar exponencialmente. Não quer dizer que não pode escalar, mas que o teto é relativamente baixo e já cometi esse erro.

OPORTUNIDADES EXPONENCIAIS			
Problema	Tipo de mercado	Tamanho do mercado	Como eu resolveria
Registro de documentos	Cartórios	R$ 16 bilhões	Assinatura digital universal

CRIATIVIDADE EXPONENCIAL

1. Com essa solução, você impactaria quantas pessoas?

2. Quanto você acredita que poderia cobrar por essa solução, por pessoa ou empresa? Caso queira mergulhar nisso, faça testes com possíveis compradores em campo.

3. Multiplique a quantidade de pessoas pelo valor do produto e identifique, de maneira bem simplificada, se é, de fato, uma oportunidade exponencial.

CAPÍTULO 7
CARACTERÍSTICAS EXPONENCIAIS (EXO)

Entenda por EXO (ou ExO) uma pessoa ou organização com características exponenciais, de forma que com tais características é possível atingir resultados maiores, melhores e mais rápidos, utilizando menos recursos que seus pares, com características lineares. Esse termo foi cunhado pela primeira vez por Salim Ismail, um dos fundadores da Singularity University, por onde tive passagem.

Neste capítulo, amplio o contexto para as pessoas e profissionais que, no final das contas, são os que transformam as organizações e a própria sociedade, considerando o centro do crescimento exponencial. Isso acrescenta ao conceito inicial algumas características fundamentais que incluem o *mindset* de crescimento exponencial, o comportamento de execução abordado neste livro, bem como o acesso cada vez mais fácil a tecnologias disruptivas existentes, ainda a serem descobertas ou a serem usadas em larga escala.

Por esse motivo, não vou separar as características de organizações e de pessoas. Entendo que ambas as características listadas aqui são aplicáveis do ponto de vista individual ou coletivo, de forma que pode aplicá-las na sua organização, empreendimento ou mesmo se for um profissional liberal ou de qualquer outra natureza.

Propósito transformador massivo

Antes mesmo de qualquer iniciativa ou ação, o propósito transformador massivo é um artifício que inspira e motiva, de maneira clara e simples, alinhando pessoas em torno de uma causa comum. Isso é algo aspiracional e que motiva a ir mais longe que um objetivo normal. Por isso, quando se persegue um propósito transformador massivo, tende a atingir resultados extraordinários. É diferente de uma missão, que normalmente é palpável e objetiva, mesmo que a segunda característica pareça ter prazo mais longo.

Imagine que sua missão é ser o líder de um setor. O que vem depois disso? Isso motiva parte da organização por um tempo, mas não conecta com corações, desejos e aspirações. Grandes empresas e grandes líderes têm se apoiado nos seus propósitos transformadores massivos para escalarem seus negócios e iniciativas. Ou será que essas empresas se tornaram o que se tornaram também por causa dos seus propósitos?

O exemplo do Google é um dos mais conhecidos e diz, de maneira simples, que nosso propósito é organizar as informações do mundo. É um exemplo clássico, mas não precisa se limitar a uma empresa de tecnologia, caso do Google, pode ser aplicado a qualquer organização ou até mesmo pessoa ou comunidade.

Edu Lyra, por exemplo, é um jovem paulistano, empreendedor social e criador do *Gerando Falcões*, uma organização que atua em rede para levar cultura, educação e qualificação profissional para as favelas do Brasil. O trabalho da Organização *Gerando Falcões* é sensacional e alia gestão a uma série de iniciativas que considero exponenciais e, de fato, está fazendo a diferença para milhares de jovens do país, cujo propósito transformador massivo é levar a favela ao museu ("antes de Elon Musk chegar a Marte" – brinca Edu). Pela determinação do Edu e da transformação que está fazendo, não tenho dúvida de que isso será possível.

Os propósitos transformadores massivos inspiram as pessoas a seguirem ideias e até movimentos em torno de uma aspiração comum. Não é algo que as pessoas entendem como vertical, de cima para baixo. As pessoas que orbitam ao redor desse propósito se conectam com ele de maneira mais profunda.

Em visita à NASA, ao encontrar um funcionário da limpeza, o ex-presidente John Kennedy perguntou: "o que você faz aqui?" e o profissional respondeu: "senhor Presidente, eu estou ajudando a levar o homem à Lua". O resultado de um propósito é como um grito de independência, algo que arde no seu coração e que, ao mesmo tempo, conecta com algo maior e com as outras pessoas. Ele é capaz de ajudar a criar movimentos.

Alguns dizem que sonhar grande ou sonhar pequeno dá o mesmo trabalho. A diferença é que, conectado a um propósito que faça sentido, ninguém consegue ficar parado apenas sonhando, se movimenta para realizar o seu propósito e ainda inspira outras pessoas pelas suas aspirações.

Como resultado, se não mudar o mundo como pensa, já estará alguns passos à frente de quem age apenas de maneira linear, e suas chances de realizar algo grandioso aumentam exponencialmente, pela forma de pensar e agir.

Aliás essa é uma das diferenças entre pessoas e organizações comuns e as transformadoras exponenciais, a execução. Vão lá e fazem, independentemente do que vão pensar. Mas isso não quer dizer que, se você ainda não tem um propósito transformador massivo, está perdido no mundo. Você pode construí-lo ao longo do caminho, como tudo. Ele por si só não resolve nada, mas tem que estar apoiado em outras características.

O que ocorre é que, normalmente, pessoas e organizações não os têm, por isso não conseguem engajar pessoas e comunidades inteiras e suas transformações são superficiais e pouco perenes, em linhas gerais. Se gera impactos positivos para você, na sua comunidade ou em sua organização, gera resultados, mas é possível escalar isso a níveis maiores, tendo um propósito transformador massivo.

Como saber se um propósito transformador massivo é realmente bom e impactante? Olhando para os resultados que pode trazer e comparando com os que conhece. Se ainda não tem o seu, crie-o e faça jus com resultados. O propósito é mais uma característica importante e não anda sozinho.

Abundância

Empresas e pessoas de pensamento linear pensam e direcionam suas ações para um mundo escasso, onde a concorrência e a quantidade de recursos são limitadas. Já seus pares de *mindset* exponencial pensam em um mundo abundante de possibilidades e recursos, de forma que conseguem achar alternativas para destravar o fluxo da abundância, utilizando a tecnologia e a clareza sobre a própria abundância.

O que ocorre é que muitas vezes os recursos, sejam de qual natureza forem, migram de mãos, e as pessoas de mentalidade abundante encontram formas de acessá-los e alterá-los. Se você não consegue acessar um determinado recurso de maneira direta, possivelmente conseguirá acessá-lo de forma digital, reduzindo custos e distribuindo para um número maior de pessoas.

As empresas de telefonia de alguns anos atrás (e algumas ainda nos dias de hoje) pensavam em como cobrar dos usuários pelo volume de ligações, de maneira que, quanto mais longe fosse a ligação, mais cara seria e, por conseguinte, maior o resultado por ligação que retornaria para a empresa, por usuário. Até que vieram o Skype, WhatsApp, o Zoom, o Google Meets e reduziram os serviços à infraestrutura para entrega de dados entre os mesmos usuários, praticamente acabando com o negócio de ligações entre telefones fixos ou mesmo celulares.

Quando falo de abundância, não quero dizer que não existe desigualdade, claro. Ela existe e não creio que acabará, mas pode ser atenuada. O que quero dizer é que os recursos ficaram represados e hoje podem ser facilmente acessados. Essas iniciativas que visam ao compartilhamento em geral foram e são lideradas por pessoas de mentalidade exponencial.

Por mais que tenhamos vivido em 2020 um problema global causado pela pandemia, o mundo também estava mais unido em busca da vacina e tratamentos, por conta da abundância de métodos de testes, avanço da biotecnologia, medicina, medicamentos, equipamentos, tratamentos e conhecimentos, da mesma maneira as atualizações sobre o avanço ou retrocesso do estágio de contaminação foram amplamente divulgadas e conhecidas, podendo salvar um número incalculável de vidas.

O fornecimento de crédito e microcrédito, que antes era feito apenas por grandes instituições bancárias, está disponível

CRIATIVIDADE EXPONENCIAL

para quem realmente precisava do serviço. Graças a isso, uma infinidade de soluções e *fintechs* criaram soluções simples para análise e liberações de recursos ajudando a economia.

Além disso, o ganho de eficiência logística que vemos em nossos dias é incalculável, pois empresas exponenciais estão conectando as pessoas que precisam transitar bens e materiais com quem tem ociosidade e ativos para tal, caso de *apps* de mobilidade, transporte de passageiros e cargas. Ou seja, não havia escassez de espaços para se hospedar, não havia escassez de motoristas para levá-los do ponto A ao B, não existia escassez de motociclistas para transportar encomendas, o que havia era falta de pensamento de abundância e de como acessar esses recursos beneficiando uma cadeia de pessoas por meio da tecnologia.

No setor da educação, por exemplo, a Udemy tem mais de 150.000 cursos, para você aprender com especialistas de diversas áreas, assim como próprio YouTube, que já é o segundo maior buscador do mundo. Se quer aprender uma habilidade nova por baixo custo (ou até 0), se quer se especializar sobre algo antes de investir em ensino tradicional, basta pagar um valor muito baixo e poderá ter acesso a conteúdos educativos incríveis.

A própria *Gerando Falcões*, organização liderada pelo Edu Lyra, já citada, é uma instituição que ajuda a levar educação às comunidades de baixa renda, possibilitando empresários e pessoas que querem doar e financiar os seus programas de forma que milhares de jovens e adolescentes sejam beneficiados, com ajuda do efeito de rede gerado pelo seu trabalho inspirador amplamente divulgado nas redes sociais.

Impacto

Profissionais e empresas de *mindset* linear pensam em entregar seus produtos e serviços para o maior número de pessoas, com menor custo operacional e maior lucro possível, e seus custos são tão maiores quanto mais pessoas impactem. Já seus pares de *mindset* exponencial criam e executam as soluções para conseguir atingir o maior número de pessoas para que consigam levar à casa de bilhões de pessoas.

Algumas estimativas indicam que entre 2,5 e 3 bilhões de pessoas estão emergindo globalmente e terão acesso aos mesmos produtos e serviços que você. Considerando esse número, suas iniciativas devem ser voltadas para impactar não milhares, mas bilhões de pessoas. Preocupa-se em criar e distribuir soluções para problemas pautados nas necessidades reais das pessoas, pois estão voltadas para agregar modificações e ajustes baseados nos *feedbacks* dos próprios usuários e consumidores.

A visão é de fora para dentro e incorporada nos produtos e serviços. Uma forma completamente diferente da convencional, na qual as empresas e profissionais liberais diziam como queriam entregar o serviço ou produto. O Uber é um exemplo desse impacto que melhorou a qualidade dos serviços de transporte de passageiros.

Quem nunca viveu a desconfiança de saber se o motorista estava realmente fazendo o melhor trajeto e mesmo quem não passou calor por conta de um taxista da era (pré) Uber não ligar o ar-condicionado para economizar umas pratas para reduzir gastos com o uso de combustível?

Uma das maiores dores dos usuários de táxis era o comportamento antiquado e até arrogante de alguns taxistas que,

CRIATIVIDADE EXPONENCIAL

por conta da alta demanda, consideravam que deveriam fazer o suficiente para você chegar ao seu destino, sem se preocupar com a experiência da viagem. A Uber, assim como outras empresas de *ride sharing*, mudou a experiência de transporte de passageiros, por meio do seu sistema de qualificação de motoristas e veículos.

Alguns abusos ainda podem acontecer por conta dessa segunda categoria que foi criada, mas é inegável que deu mais acesso a transporte com mais flexibilidade, além de ajudar na geração de trabalho e renda, com consequências para todos os lados. Criar algo do zero, desde novos mercados ou mesmo melhorar substancialmente a experiência, são caraterísticas EXO.

Uso de dados

Se usa algum serviço de maneira gratuita, o produto é você. Isso também acontece quando deixa o GPS do seu *smartphone* ligado, embora já saibamos que mesmo desligado algumas empresas conseguem coletá-lo. Toda vez que você faz uma busca por um produto e serviço, deixa rastros; toda vez que encontra algo, algo também encontra você. Mas você foi beneficiado, normalmente sem custo, encontrando o melhor preço ou a informação que queria, de maneira conveniente, rápida e gratuita.

Em vez de achismos ou *feeling*, o uso de dados norteia as decisões mais importantes dos profissionais e empresas de crescimento exponencial. Toda ação de um usuário ou seu comportamento deixa rastros em forma de dados e isso é usado de forma a criar soluções que parecem ser personalizadas para cada grupo de pessoas que consomem esses produtos e serviços.

Empresas de todos os tamanhos podem tirar proveito do uso de dados para criar soluções e tomar decisões que gerem resultados superiores usando os próprios sistemas ou mesmo sistemas contratados. Minha empresa, por exemplo, não lança nenhum serviço ou produto sem antes avaliar o volume de buscas por um determinado assunto usando as ferramentas do Google, como Google Trends e outras. Usamos também *sites* de dados mais robustos sobre mercados, como o Statista.com, que entrega relatórios completos de vários segmentos de mercado e ajuda na análise de potencial de negócios.

Não envio *e-mails* aleatórios sobre os conteúdos que produzo, mas utilizo sistema de envio em massa, que parece ser personalizado, de forma que você receba o meu oi chamando pelo nome. Isso não quer dizer que não me importe com cada pessoa que recebe ou é impactada pela minha mensagem, mas que, a partir de uma determinada escala, não é possível fazê-lo individualmente.

Antes mesmo de determinar o título deste livro, pesquisei inúmeros títulos, palavras-chave e fiz votações para avaliar qual teria a maior probabilidade de impactar as pessoas certas e o maior número de pessoas possíveis. E você pode fazer o mesmo, de maneira ética, usando *insights* tirados de diversos *softwares* na sua tomada de decisão.

Alguns dos maiores trunfos de empresas como Amazon, Netflix, Facebook, Apple, Microsoft, entre outras gigantes, é o resultado de análise de dados e a personalização da sua experiência, deixando-a mais agradável, amigável e interativa, além de criar produtos para sua necessidade, de maneira que ache que aquilo foi feito sob medida para você, e foi.

CRIATIVIDADE EXPONENCIAL

No entretenimento, séries inteiras são criadas com base em informações comportamentais de um grupo de pessoas, com base em seu gosto e perfil. Aquele sistema de recomendação de compras que parece ter adivinhado o pensamento sobre seu desejo de um próximo produto e faz com que acrescente mais um item em seu carrinho de compras, também não tem nada de acaso. Foi elaborada da mesma forma para milhões ou bilhões de pessoas que possam agir de maneira similar a você.

O que precisa entender é que, se recebe um número grande de pessoas em seu comércio, se atende muitas pessoas em seu consultório ou mesmo se quer aumentar suas vendas e impacto, deve usar os dados das pessoas que fazem sentido para você. O grande ponto aqui é mostrar que usar dados para tomar melhores decisões está à disposição de todos. Você pode e deve tirar proveito disso, usando o bom senso.

A partir da coleta de informações, você pode criar estratégias para testar suas hipóteses em grupos pequenos (*cohorts* = safras) e entender que, se uma safra de clientes ou pessoas respondeu positivamente à sua iniciativa, pode aumentar e escalar essa iniciativa. Isso se chama teste A/B.

Em *marketing*, essa é uma técnica muito aplicada em *growth*, em que o time usa descobertas feitas por meio de coleta de dados e testes para fazer com que as ações cresçam exponencialmente, tendo maior ROI (retorno sobre investimentos) sobre essas ações, reduzindo os custos marginais.

Existe muita divergência sobre o uso de dados, pois estão sendo manipulados inclusive para ajudar a determinar resultados de eleições presidenciais. Tem que haver controle no uso de dados e a LGPD (Lei Geral de Proteção de Dados) pretende garantir que sejam respeitados e usados com ética e para finalidades legítimas, o que acontece em outros países.

Enxuto (Lean)

O conceito *lean* = enxuto é muito usado no universo das *startups*, que têm por natureza a necessidade de manter a estrutura a mais enxuta possível, tanto do ponto de vista orçamentário quanto de equipe. Dessa maneira, a estrutura fica leve, ágil e focada no crescimento e na melhoria da sua entrega, menos engessada com controles e burocracias, que não fazem sentido, em especial nos primeiros estágios, quando o objetivo é testar a hipótese e fazer ajustes (pivotagem) até o ponto em que o produto ou serviço encontra os principais canais de distribuição e tração para fazer o negócio escalar de maneira rápida.

O importante é medir o que precisa ser medido, de acordo com a fase em que está, destinando todos os esforços necessários para o crescimento. Empresas com esse perfil sempre focam em ter equipes mais reduzidas, aproveitando o máximo do potencial de todos e só aumentam seus custos fixos caso o negócio escale *bootstrap* (apoiado no próprio crescimento) ou consiga aporte de capital externo.

Os serviços externos contratados são de nuvem para manter a agilidade e o controle de custos. Isso garante a existência da organização até o crescimento advindo da sua base de usuários ou de novos aportes de capital, normalmente com contratos mais flexíveis.

CRIATIVIDADE EXPONENCIAL

Esse contexto é diferente das grandes empresas e estruturas corporativas clássicas, as quais se tornam supercontroladoras, com foco em melhorias incrementais para garantia das margens de lucro. O que muitas vezes acontece é que acabam dando pouca importância para a inovação, mesmo que usem isso em seus discursos.

Esse é o dilema do ovo e da galinha, que o professor de Harvard, Clayton Christensen, abordou em seus cursos dos quais tive a oportunidade de participar – enquanto ele era vivo – e em seus livros sobre inovação e disrupção. O professor Clayton foi um dos criadores do conceito de disrupção.

O dilema do ovo e da galinha (*chicken or egg*) se refere à dificuldade que uma empresa consolidada tem em inovar. Como o foco está voltado para o crescimento sustentável, atua em melhoria de produtos, processos e controles (inclusive de margem). Enquanto as *startups* e empresas entrantes focam em criar soluções diferentes para atender fatias de mercado inexploradas ou pouco rentáveis, visto que as gigantes não se preocupam nos primeiros estágios da escalada, e talvez nem as notem.

À medida que a tecnologia e os valores para a distribuição dos serviços e produtos ficam mais acessíveis e existem mercados subservidos, essas empresas conseguem escalar suas iniciativas, por custos infimamente menores ganhando mercado e tração de forma rápida. Assim que a solução encontra os canais com menor custo por aquisição de cliente (CAC) e quanto maior tempo de vida do usuário (*life time value*) ou cliente convertendo em vendas para si, acabam com empresas consolidadas ou modificam mercados inteiros, como ocorreu com o *streaming* de vídeos e música na clássica disputa por espaço entre a Netflix e a Blockbuster.

Se você é um profissional liberal, pode se beneficiar do efeito de rede, utilizando plataformas como as citadas aqui para conectar-se com seu público, gerando valor e se aproveitando desse efeito. Entendê-lo e utilizá-lo como canais de distribuição pode fazer a diferença no seu crescimento. Apenas entenda quais são os melhores para utilizar e use o máximo que puder.

Identifique qual desses efeitos de rede você, seu serviço ou produto se enquadram, faça testes A/B e, assim que descobrir o seu principal canal de tração, aposte o maior volume de recursos para ter o melhor ROI e mais escalável possível. Lembre-se de testar sempre canais diferentes para quando um estiver saturado, ter outro para crescer, o que é comum.

Sob demanda

Em um mundo em que as coisas mudam o tempo todo, novos serviços são criados e, na mesma medida, produtos ficam obsoletos. Isso gera mudanças de mercado e faz cada vez menos sentido para as pessoas que não querem investir em soluções muito robustas, engessadas, a não ser que haja certeza da sua necessidade.

O perfil de hábitos de consumo, no que diz respeito à demanda de clientes diretos ou de empresas, tem mudado por conta das grandes oscilações de mercado. Por esse motivo, quanto mais flexível e adaptável for o modelo de oferta, mais resiliente essa solução também será. O compartilhamento de ativos físicos, a redução de custos com hospedagem em nuvem, a terceirização de trabalhos e a digitalização de quase tudo são responsáveis por parte dessa maior acessibilidade.

CRIATIVIDADE EXPONENCIAL

Os processos produtivos também mudaram e estão cada vez mais conectados por meio de *Internet* das Coisas (IoT). Além do uso de sistemas e análise de dados em tempo real, que também contribuem para maior flexibilidade nas contratações sob demanda. Tem sido comum contratar serviços em suas versões *Free* ou *Freemium* e aumentar os custos à proporção que aumenta a necessidade de uso, tornando o processo de contratação mais eficiente e adequado. De servidores *web* até programas de ERP, CRM, passando por serviços de *streaming*, aluguel de roupas, carros, quartos e os aplicativos de compartilhamento de bicicletas.

Outro dia presenciei a cena de um rapaz levando uma entrega de comida com a mochila nas costas. Até aqui nada de mais, não fosse pelo fato de o rapaz estar levando a entrega com uma bicicleta, que alugou por R$ 1 a hora.

Isso mostra que a acessibilidade de uma série de serviços sob demanda está melhorando a qualidade de vida de quem precisa ter seu problema atendido e, ao mesmo tempo, proporcionando oportunidades para quem oferece mão de obra para finalizar o ciclo de contratação e entrega do serviço. Tempos atrás, uma mesma pessoa dificilmente conseguiria fazer algo com tanta praticidade e conveniência.

Outro exemplo que tem sido impactado pelas soluções *on demand* é o sistema de TV convencional. Se pode consumir seu conteúdo de entretenimento ou informação a hora que quiser, por que vai ficar esperando o momento em que o programa entrará no ar e ainda terá que ficar vendo propagandas? Os principais canais de TV estão tentando se adaptar, mas têm alguns concorrentes enormes para disputar sua atenção, a começar pelo próprio *smartphone* com dezenas de *apps* instalados, mensagens pulando na tela a todo o momento.

Outra mudança, que não é óbvia, é que hoje a maioria das empresas estabelecidas pode dizer que conhece bem todos os seus concorrentes. Como diversas soluções estão sendo criadas todos os dias para atenderem as necessidades das pessoas e organizações com tecnologia, os entrantes não são concorrentes tão óbvios ou mesmo podem não ser percebidos no primeiro momento, pois atendem a características eventualmente diferentes das soluções convencionais.

Uma rede de supermercados, por exemplo, poderia achar que seus concorrentes diretos são os outros grandes supermercados mapeados, bem como os mercados de bairro. Entretanto, outras empresas já se posicionaram distribuindo mercadorias com pagamento recorrente, entregando sob demanda para a casa dos consumidores, de maneira recorrente, direto do distribuidor.

Há alguns anos, o estacionamento dos *shoppings*, por exemplo, era uma ótima fonte de receita para os empreendedores, mas assim que os aplicativos de compartilhamento de automóvel entraram no cotidiano das cidades, começou a ter queda de uso de em média 20% em tempos normais.

O mesmo acontece com profissionais e profissões. Sabemos que muitas profissões poderão se tornar obsoletas no futuro, porque novas estão surgindo. Quando alguém precisava fazer entregas constantes de documentos de sua empresa, contratava e registrava um *courier* (entregador), *office-boy* ou motoqueiro. Hoje você pode ter o mesmo serviço solicitando por um *app*, selecionando múltiplos entregadores, se necessitar. Isso impacta nos custos, deixando as empresas mais leves, rápidas e eficientes.

O mais importante não é saber da existência do conceito *on demand*, mas como toma proveito dele, provendo esse tipo de solução.

Experimentação e testes

Imagine que começou a pensar em se casar. Depois de um tempo de namoro e noivado, decide dar esse passo importante em sua vida. Já investiu anos no relacionamento e agora é hora de ir adiante. Inicia então um planejamento para a análise das contas, sair da casa dos pais, comprar ou alugar um imóvel e preparar tudo para mobiliar o novo lar do casal. Em paralelo, terá que fazer a formalização legal em cartório e, em muitos casos, no religioso. Além da festa, dos convidados, da decoração, da banda etc.

Entendo que nessa situação você já deva ter feito suas avaliações para saber se essa é a pessoa ideal para seguir em frente com uma decisão tão importante. As organizações de *mindset* de crescimento exponencial, por sua vez, também experimentam, de maneira ainda mais rápida, mais barata e com menos chances de erro. Uma vez que identificam que uma hipótese faz sentido, colocam para rodar testes de forma simplificada, rápida e barata.

Se a hipótese se confirma viável, ampliam e aprimoram a solução, acrescentando tecnologia (na maioria das vezes) e apostando no crescimento inserindo mais recursos financeiros e humanos, além de usar os canais de melhor tração para escalar o mais rápido possível.

Essa situação não acontece uma vez, mas corriqueiramente. Tudo é baseado em hipóteses e não há apostas, apenas em ideias. As ideias são postas em prova no campo de batalhas.

O lendário jogador de basquete Kobe Bryant disse em uma entrevista que, se você quiser saber o verdadeiro talento de uma criança, deveria colocá-la em condições de testar todas as atividades que forem possíveis até que encontrasse o que fazia o seu coração sentir que era aquilo o que ela queria dedicar seus esforços e sua energia. Ele contou que sentiu isso quando ouviu a bola quicar pela primeira vez na quadra de basquete.

Isso serve desde escolher um curso universitário antes de decidir passar anos estudando e investindo até mesmo para enviar satélites para o espaço. É possível testar quase tudo a custos baixíssimos no primeiro momento. O resultado dessas experimentações nos dá base para avançar uma ou muitas casas, rumo a investimentos, gasto de energia, tempo e recursos maiores. Ao contrário de trabalhar em planejamentos enormes, com injeção de recursos grandes que muitas vezes falham mesmo antes de nascerem, pelo tempo e custo desperdiçados.

Eu me lembro que tinha um *videogame* com uma série de jogos de esportes, sendo que um deles era de boliche. Eu nunca havia jogado boliche real, apenas na versão eletrônica. Por coincidência, um amigo me chamou para o aniversário do seu filho, que seria num *buffet* de *shopping* em uma área fechada para festas e diversões, com algumas quadras de boliche.

Quando fui convidado a jogar, fiquei até meio constrangido, pois nunca havia jogado numa pista real. No começo, estava entendendo o peso da bola, a direção e tempo de rolagem até chegar aos pinos e derrubá-los. Mas foi questão de minutos até que meu treinamento simulado e experimental feito no *videogame* começasse a surtir efeito. Foram séries e mais séries de *strikes*, ninguém me venceu em dezenas de rodadas. Tudo por causa do simulado no *videogame*. Meu amigo não acredita até hoje que até aquela data eu não havia jogado fisicamente boliche.

A tecnologia auxilia de maneira espantosa em testes e experimentações em diversos contextos, inclusive com relação a treinamentos de precisão como para formação de pilotos de

CRIATIVIDADE EXPONENCIAL

aviões e atiradores de elite. Até astronautas fazem experimentações e testes antes de arriscarem suas vidas e carreiras.

Tarefa

1. Defina seu propósito transformador massivo.

_____

_____

_____

_____

2. Identifique algumas maneiras de usar dados na sua empresa ou profissão (exemplo: eu uso _software_ de CRM, mesmo como pessoa física para distribuir meus conteúdos e manter relacionamento com um volume de pessoas).

_____

_____

_____

_____

3. Liste ao menos dois ativos na sua empresa, trabalho ou vida pessoal que podem ser contratados sob demanda, reduzindo custos e dando flexibilidade.

_____

_____

_____

_____

CAPÍTULO 8
EQUIPES E CULTURA EXPONENCIAIS

Em meados do século XVII, a Califórnia e, em especial a região de São Francisco, começou a receber americanos de todas as regiões do país e imigrantes de diversas partes do mundo. Isso ocorreu por conta da chamada corrida do ouro, evento que levou centenas de milhares de pessoas à região para a exploração desse minério gerador de sonhos e ambição na época.

Deu o óbvio, os que não conseguiram enriquecer tiveram que abrir todos os tipos de comércios ou empreender em serviços para sobreviver. Isso gerou uma sociedade multiétnica. Embora não tenha sido assim no começo, é uma região que a tolerância pela individualidade é grande e o empreendedorismo valorizado e estimulado. Ao menos é assim que a região se vende para dentro e para fora do país.

A própria Universidade de Stanford, uma das mais renomadas e mais concorridas instituições de ensino, foi financiada por uma família de empreendedores, o casal Stanford. De lá vieram algumas *startups* e empresas como HP, Cisco, eBay, Google, Instagram, LinkedIn, Netflix, NVIDIA, Sun, Tesla e Yahoo, só para citar algumas. Empresas inovadoras, exponenciais e disruptivas e que têm equipes com características

CRIATIVIDADE EXPONENCIAL

de uma cultura e um jeito de atuar e escalar que nasceu na região da baía de São Francisco e se popularizou por *startups* do mundo todo.

Gerir equipes por si só já é uma tarefa desafiadora. Quando se fala de equipes que são criadas para escalar exponencialmente uma iniciativa ou organização, são necessárias uma visão e atitudes que sejam condizentes com o resultado que se quer obter. Para atuar nessas equipes ou criar equipes que escalam, é preciso ter um *mindset* minimamente adaptado a esse formato, menos previsível, com controles macro e com resultados mais caóticos que em equipes lineares.

Essas equipes são em geral compostas de pessoas criativas, inovadoras e muito questionadoras. São independentes, multidisciplinares e muitas vezes também multiétnicas. Essas características juntas geram ideias novas e o resultado só pode ser a inovação, em sua base. A melhor maneira de se compor e gerenciar esse tipo de equipe é horizontal, em que a visão e os objetivos macro são discutidos, mas o caminho trilhado até alcançar os resultados nunca é linear.

Uma vez que o microgerenciamento não traz muitos resultados nesse formato, a confiança e a medição dos resultados são baseadas em um *mix* entre cultura organizacional, comportamento, competências técnicas e resultados. Uma pessoa com resultados técnicos medianos pode ser treinada para melhorar sua *performance*, mas uma pessoa sem cultura organizacional e com comportamento inadequado, mesmo que atinja resultados até mais importantes a curto prazo, compromete a organização como um todo no médio e longo prazo.

As melhores empresas avaliam e premiam de acordo com o atingimento das metas macro e micro, pautadas em meritocracia com base na entrega de valor que se refletiu no resultado líquido da organização em um determinado período. Esse modelo é o padrão, mas pode ser melhorado. Organizações exponenciais utilizam modelos de gestão em que os objetivos e metas macro estão alinhados com o seu propósito, cultura e toda a análise de desempenho dos resultados estão com os mesmos aspectos, de maneira coesa, incluindo, mas não se limitando ao resultado líquido.

Uma empresa reconhecidamente como disruptiva e exponencial é a Netflix. Sua cultura é muito forte e está impregnada em tudo o que faz, desde a contratação de seus colaboradores até a entrega do produto nos aparelhos dos assinantes. É uma empresa reconhecidamente voltada a dados, reinventou um mercado com esse perfil aliando uma cultura de inovação, coragem e confiança nos seus colaboradores.

Em um evento em Palo Alto, no Vale do Silício, estive com Martin Spier, um brasileiro, arquiteto de *performance* da Netflix, o qual falou sobre a cultura da empresa. É espantoso o nível de confiança e independência que um profissional dessa empresa tem. Para se ter uma ideia, não existe uma regra para férias na empresa. Basta você conversar com seu líder direto, de maneira antecipada e organizar o seu descanso. Até aí, nada anormal. Mas da mesma maneira que não se tem que esperar os velhos e bons 12 meses para curtir uma praia, também não há regras quanto ao período de retorno. Ou seja, não existe a regra de 30 dias. Se você achar que precisa de mais tempo, ok. Entendeu?

CRIATIVIDADE EXPONENCIAL

Outro aspecto interessante é que a empresa foca no seu *core business*, os custos e gastos estão voltados para o que realmente importa, engenharia de *software*, distribuição do *streaming* e produção dos seus conteúdos. Tudo o que não faz parte do *core* é terceirizado, como a contabilidade, por exemplo. Você imagina uma empresa com valor de mercado de 200 bilhões de dólares sem contabilidade interna? Caso um colaborador precise de um *notebook* novo, basta ir ao estoque, solicitar e informar ao líder. A empresa entende que, se o profissional pede algo, precisa daquilo para entregar *performance*. O mesmo ocorre com reembolsos de despesas, com processos bem simplificados.

Um dos fatores que garante esse alto grau de confiança é devido ao fato de a Netflix ser uma empresa de profissionais seniores de alto nível. Pelo que ouvi do Martin, a empresa não tem estagiários. Não que haja algo de errado nisso, mas como o foco da Netflix é *performance* e crescimento, busca os melhores profissionais, estejam onde estiverem. A confiança na equipe é tão grande que até os reajustes salariais são balizados pelo valor de mercado. Os líderes estimulam suas equipes a uma vez por ano fazer entrevista em outra empresa para ouvirem outras propostas. Se o valor oferecido for maior, a Netflix cobre a oferta, regulando e atualizando assim os salários. Isso é revelador e faz todo o sentido, focar no que interessa e não em burocracias. O que não quer dizer que não haja controle, mas controla o que interessa.

Outra maneira que conecta as pessoas em torno do objetivo de crescimento é o uso de *dashboards*, painéis com as métricas mais importantes do seu negócio. Não que seja uma novidade em empresas de outros setores, mas nesse modelo é o padrão. Isso estimula os times a se manterem alinhados em busca da superação e do crescimento constante. Os profissionais de maiores resultados também querem trabalhar com os melhores, por isso é importante, sempre que possível, trazer gente boa para o time.

É como um time de basquete ou futebol. Quanto vale jogar ao lado do Michael Jordan ou do Lionel Messi? Isso atrai talentos. Costumo dizer que resultados convencem mais do que qualquer diploma ou experiência. A experiência sempre vai ser valorizada, mas não é garantia alguma de sucesso futuro, em especial na atualidade. A prova vem com resultados, embora o equilíbrio entre experiência, ideias e gás total seja um ótimo combustível.

Conheci muitos altos executivos que perderam o cargo, se desatualizaram e ficaram estagnados. Por outro lado, também presenciei uma turma jovem que conseguiu resultados interessantes. O fato de estar atualizado não garante nada; gerar resultados e valor constantemente é ser valorizado, independentemente de qual fase da vida ou carreira esteja.

Além das competências técnicas, a parte comportamental é tão importante que é considerada diferencial competitivo na contratação de profissionais chamados de profissionais do futuro. Pessoas e profissionais com habilidades socioemocionais, não de maneira incomum, já vêm se destacando de profissionais meramente técnicos.

O motivo é que técnica pode ser ensinada de maneira relativamente simples e de uma maneira tão simples quanto os seus resultados podem ser medidos. Essas habilidades

CRIATIVIDADE EXPONENCIAL

técnicas são chamadas *hard skills*. Talvez você já saiba, mas com o desenvolvimento acelerado das inteligências artificiais, muitas habilidades técnicas podem ser substituídas por máquinas, inteligências artificiais ou robôs.

Um pouco mais difícil é replicar habilidades emocionais que promovem o crescimento e geração de valor para a sociedade, as chamadas *soft skills*, habilidades relacionadas à inteligência emocional que são consideradas essenciais para o profissional do futuro, sendo uma delas a criatividade. É provável que profissionais e pessoas com essas qualidades bem desenvolvidas serão os líderes das principais iniciativas das organizações.

Em 2019, o Fórum Econômico Mundial apontou algumas das principais características do profissional do futuro. Isso significa que, segundo a avaliação desse órgão, essas são as características dos profissionais que liderarão ações que trarão impactos positivos para a sociedade e se destacarão neste século, por conta do avanço da tecnologia e com base nos desafios que temos enfrentado.

Alfabetização de dados

Considerado o petróleo dos tempos modernos, o uso de dados é uma fonte essencial para geração de *insights*, criação e melhoria de produtos, serviços e processos. Por isso a capacidade de ler, filtrar, compreender e gerar *insights* retirados de volumes enormes de dados já é uma realidade. Para se ter uma ideia, um profissional de *marketing* em um dos meus empreendimentos está aprendendo Python, uma linguagem de programação cuja função é criar sistemas para análise de dados.

Por esse motivo, penso que toda empresa deveria ter uma equipe de tecnologia e desenvolvimento de sistemas. Alguns futurologistas (profissionais que tentam prever com uma abordagem científica cenários possíveis para o futuro) dizem que as crianças em breve serão alfabetizadas em dados, como linguagem, da mesma forma que as das gerações anteriores foram alfabetizadas com as vogais e consoantes. Essa realidade fica evidente com as escolas de programação e tecnologia para crianças que existem em diversos países, inclusive no Brasil, e não está tão longe de você quanto possa imaginar.

Pensamento crítico

Em um mundo em que *fake news* são capazes de influenciar em resultados de eleições, em que as tendências são geradas pelo volume de propaganda por meios digitais e os resultados dos mecanismos de buscas são influenciados pela maneira como as informações são disponibilizadas, utilizando técnicas de SEO (otimização de mecanismos de buscas) e *remarketing* (técnica de trackeamento de um usuário para publicidade), em que o volume de dados e o capital são abundantes, os profissionais que têm capacidade de analisar dados estatísticos e cruzar com conceitos filosóficos e práticos serão muito valorizados.

Habilidade em tecnologia

Como as tecnologias exponenciais estão impactando mercados inteiros, saber lidar com elas é fundamental para se manter relevante. *Blockchain*, inteligência artificial, realidade virtual, realidade aumentada, robótica, *machine-learning* e conhecimento em ferramentas digitais serão altamente exigidos pelas empresas de ponta. Aliás, você já está sendo impactado por essas tecnologias e talvez nem saiba.

Flexibilidade cognitiva

Com as mudanças abruptas e rápidas que temos vivido, saber se adaptar e aprender constantemente é importante, mas hoje isso apenas não basta. Precisamos desaprender muitas vezes o que sabíamos e reaprender outros conceitos. Afinal, as verdades absolutas e imutáveis hoje estão sendo desbancadas.

Um ditado popular exaltava que "foguete não tem ré", para mostrar que quando algo muito potente estava caminhando para um alvo, não voltava atrás. Elon Musk, o fundador e CTO (*Chief Executive Officer*) da Space X, empresa privada aeroespacial, no lançamento de alguns dos seus foguetes, fez com que os foguetes voltassem e pousassem na mesma base de onde foram lançados. Antes dele, os foguetes eram praticamente destruídos no mar, ao retornarem para a órbita da Terra. Ou seja, não só já voltam de ré, como ainda economizam milhões em perdas.

Porém, não podemos confundir flexibilidade cognitiva com sair aprendendo tudo por aí e não executar nada. A base para alguém dizer que realmente conhece algo é já ter executado. Aprender, colocar em prática e estar aberto a reaprender constantemente é o novo normal.

Criatividade

Quando cheguei à Singularity University, tinha algumas certezas e uma delas era que as inteligências artificiais nunca poderiam criar algo a partir do zero. Eu estava certo, não poderiam criar – até então – a partir do zero, mas poderiam criar algo a partir de outras referências.

Abaixo, Olívia e Fred, ambos não existem, foram criados usando inteligência artificial. Para chegar aos personagens, escolhi as características físicas, étnicas, idade, humor entre uma centena de opções geradas. Eles poderiam ser usados como *personas* ou avatares em diversas situações, inclusive para mostrar autoridade no atendimento de clientes, virtualmente, para fins publicitários ou de *marketing*.

O mesmo acontece com inteligências artificiais que criam textos e músicas de maneira tão realista que é difícil identificar não ser natural (real), ao menos à primeira vista. Porém, os *insights* criativos não padronizados ainda são frutos da mente humana. De propagandas a piadas, de criação de *softwares* a produtos físicos, de poesias a filmes, de processos a sistemas, a base da criatividade ainda são características que destacam os profissionais com essas características.

Inteligência emocional

Estou convencido de que isso nunca vai mudar. É a diferença entre profissionais que são medianos, mas conseguem decolar e, profissionais que são acima da média, mas que, por problemas comportamentais, não conseguem evoluir em suas carreiras. Conheci muitos profissionais com essas características. Tecnicamente, supriam todas as necessidades do cargo, mas em termos comportamentais desequilibravam a balança.

Inteligência emocional é a capacidade de saber expressar as emoções de maneira adequada no momento adequado. Isso não tem a ver com passividade, mas sim saber se colocar de maneira coerente e condizente com cada situação.

Pessoas com grau altíssimo de inteligência emocional são duras no momento em que é necessário e tranquilas nos momentos adequados. Isso é fundamental para a escalada de qualquer negócio. A inteligência emocional está sendo tão valorizada que a escola IE de Augusto Cury, escritor que já comercializou mais de 28 milhões de livros, vendeu 60% de suas ações para a cearense *Arco Educação* por 288 milhões de reais.

Inteligência cultural e diversidade

Para estimular um ambiente de crescimento, com soluções inovadoras e criativas, é fundamental ter equipes multidisciplinares, multiculturais e multiétnicas. Como já citei, essas são algumas das características das empresas mais inovadoras do mundo. Essa mistura entre raças, crenças, orientações sexuais são mais do que inclusivas, são o combustível ideal para empresas do futuro.

Segundo uma pesquisa, empresas que contratavam menores aprendizes (aprendizes com idade inferior a 18 anos) tinham mais resultados. Uma das teorias é que a organização adota esses jovens como sendo seus mentores e isso gera um engajamento da empresa como um todo. Essa mentalidade que respeita as diferenças e estimula a liberdade de autoexpressão se reflete nos resultados das organizações.

Liderança

As organizações que querem crescer precisam replicar sua cultura dentro e fora para gerar colaboradores e consumidores engajados. Para isso, as pessoas que movem a organização precisam saber liderar grupos grandes ou pequenos de pessoas, e claro, saber se autogerenciar. Portanto, se você ainda não é *expert* em liderar pessoas, mas sabe liderar processos ou projetos também será valorizado.

Nem todas as soluções que são consideradas grandes já nasceram grandes. No geral, foram iniciativas que começaram relativamente pequenas e foram escalando à medida que se identificou massa crítica para a ampliação. Uma vez que essas iniciativas escalam, naturalmente os profissionais têm que se adaptar para liderar e inspirar pessoas, por isso a importância dos líderes inspiradores.

Em uma entrevista com um desenvolvedor, um garoto recém-saído da universidade, eu em São Paulo e, ele, em Recife, perguntei a ele quais eram as principais qualidades de um bom chefe. Ele me corrigiu e disse que para ele algumas das principais características de um bom líder eram: 1. ser inspirador e 2. que o ajudasse a alcançar os seus objetivos. Obviamente, existem muitas diferenças entre ser chefe e líder.

Julgamento e tomada de decisão

Os algoritmos fazem análises de volumes imensos de dados, sendo mais rápidos e eficientes que a capacidade do ser humano. Por outro lado, os dados são coletados para fins específicos e são aplicados de maneira ainda mais específica, necessitando dos seres humanos para tomada de decisão quanto ao que fazer com esses dados.

Seja para testes de *performance*, como no caso dos testes A/B, ou na melhoria de um produto ou serviço, ou mesmo para investir em ações da Bolsa de Valores, o nosso poder de tomada de decisão é o que faz a diferença nos resultados, em especial em suas aplicações finais. O fato é que saber onde e como aplicar esses dados é uma tarefa humana. Algumas pessoas são mais hábeis que outras nesse quesito. Mas, como tudo, isso também pode ser aprendido. Errar rápido, barato e nunca na mesma coisa estimula a tomada de decisão e a inovação.

Colaboração

Uma das maneiras mais baratas e simples para inovar é trabalhar em redes de colaboração. Para que isso aconteça, é necessário que o profissional tenha capacidade de interagir de maneira colaborativa, dentro e fora da organização.

Quem não participou ou acompanhou as *lives* que aconteceram em uma escala incrível em 2020? Isso foi graças às *colabs*, em que uma pessoa se aproveitava da audiência do seu parceiro para transmitir a mensagem numa escala maior.

Ampliando essa perspectiva, empresas de crescimento sustentável podem facilmente se aliar a *startups* de soluções inovadoras e disruptivas para incrementar seus produtos e serviços ou mesmo criar inovações sem que precisem alterar radicalmente a organização, modelo operacional e foco. Inclusive, muitas empresas já estabelecidas acabam comprando outras inovadoras, de maneira que conseguem incorporar tecnologias e equipes inteiras para neutralizar uma possível disrupção futura.

O Google e o Facebook são grandes exemplos de empresas que usam esse modelo para proteger os negócios a curto e longo prazos, não apenas inovando dentro, mas trazendo soluções de fora. Para se ter uma ideia, até 2019, o Google havia adquirido 250 empresas, entre elas o YouTube e o Waze. O Facebook, que também usa a mesma estratégia, tem em seu portfólio algumas gigantes como WhatsApp e Instagram.

Você deve estar pensando que isso é fácil para os gigantes, e talvez você ainda não esteja no mesmo patamar de liquidez que o Tio Zuck ou a dupla do Google Larry Page e Sergey Brin, mas pode usar da estratégia de colaboração para crescer o seu negócio e se manter inovador. Eu mesmo usei essas estratégias inúmeras vezes e posso garantir que é um formato excelente para qualquer um, de qualquer tamanho.

Tarefa

1. Dê a você, na tabela a seguir, uma nota de 1 a 10 para cada uma das habilidades do profissional do futuro.

2. Some as notas e divida por 10. Depois, veja quão preparado você está em termos de habilidades para o futuro.

3. Escolha uma das habilidades que acredita que vai impactar mais e treine essa habilidade.

CRIATIVIDADE EXPONENCIAL

HABILIDADE DO PROFISSIONAL DO FUTURO	
Habilidade	Nota de 1 a 10
Alfabetização em dados	
Pensamento crítico	
Habilidade em tecnologia	
Flexibilidade cognitiva	
Criatividade	
Inteligência emocional	
Inteligência cultural e diversidade	
Liderança	
Julgamento e tomada de decisão	
Colaboração	

CAPÍTULO 9
ADMINISTRANDO O CAOS CRIATIVO

A erupção do Vesúvio em 79 a.C., que ficava na região de Pompéia, na Grécia, foi uma das maiores catástrofes que se tem registro. Cuspindo lava com temperatura entre 700°C e 1500°C, com mais de 1,5 toneladas por segundo, lançando rochas, cinzas e fumaça a mais de 30 quilômetros de altura.

Nessa época, não havia nenhum tipo de medição para entender quando algo dessa ordem estava para acontecer, para salvar mais de 16.000 pessoas. Hoje detectores terrestres, aéreos e via satélite conseguem avaliar quando um fenômeno desses está para acontecer.

Da mesma maneira que o Vesúvio, não é possível ter exata certeza de quando nasce uma ideia disruptiva. Porém, por mais contraintuitivo que pareça, é possível administrar tanto o processo criativo quando o percurso entre a ideia em si e o momento de a colocar em prática.

Em São Francisco, no Vale do Silício, visitei uma *startup* que tinha um serviço de importação de produtos no qual os viajantes levavam itens adquiridos nos Estados Unidos para compradores de todas as partes do mundo, em especial Brasil, Argentina e Rússia. Países que têm altos custos de importação e que

CRIATIVIDADE EXPONENCIAL

muitas vezes multiplicam os valores finais de algum produto por oito vezes.

Embora interessante, me parecia não fazer sentido por completo, do ponto de vista da escala. Eu tentei imaginar os riscos operacionais em depender de viajantes que pagavam antecipadamente por uma encomenda e poderiam não receber o valor do produto na entrega. Esse era apenas um dos aspectos que não fechavam a conta na minha cabeça. Mas algo me chamou ainda mais atenção, a *startup* havia recebido aporte de capital de em torno de 50 milhões de dólares poucas semanas antes da minha visita à empresa.

Conversando com um dos fundadores, indaguei sobre o modelo de negócios e a resposta foi esclarecedora. Ele me disse que os investidores do Vale do Silício avaliam não apenas aspectos financeiros, de escala e diferencial inovador, que fazem parte do seu *playbook* de análises, mas que também buscam algo fora dos padrões, mesmo para algo inovador. Chegam a buscar algo com certo grau de esquisitice da solução ou do produto.

Ele me contou ainda que um dos maiores investidores da região se arrependia por não ter investido alguns milhares de dólares no Airbnb, empresa de aluguel de acomodações de terceiros que vale em torno de 35 bilhões de dólares hoje. Eu estudei com um dos professores da dupla de fundadores do Airbnb e ouvi dele que, quando a *startup* começou, alugavam o próprio apartamento, com colchões infláveis e café da manhã incluso para estudantes visitantes de uma feira de *Design*. Daí o nome *Air Bed and Breakfest*. Em um primeiro momento, você investiria se tivesse a oportunidade?

A questão é que as ideias inovadoras e disruptivas de verdade contrariam a lógica e desafiam o que é racional, por isso muitas vezes desconsideramos a ideia de imediato. Isso acontece porque uma parte da nossa mente chamada consciente, que é a parte racional do cérebro, numa tentativa de não nos expor ao ridículo e economizar energia, faz com que concordemos imediatamente com seu julgamento, deixando a ideia de lado ou criticando uma ideia pouco racional quando vinda também dos outros. Já o nosso subconsciente, que é a parte criadora da mente totalmente livre de julgamentos racionais, pensa nas soluções mais inovadoras.

Uma das técnicas que os grandes revolucionários da história usavam é de não subjugar o subconsciente, deixando-o livre para criar as soluções. Após isso, testavam e colocavam em prática. Assim nasceram obras-primas de arte e música, teorias de física quântica, tecnologias disruptivas, que facilitam nossa vida.

Após a inspiração, colocavam em prática a administração dessa ideia caótica até provarem para si ou para o mundo a real validade e o valor de suas criações.

"Colaboração boa de verdade soa como *jazz*." Esse contexto foi citado por Ray Dalio, um dos maiores investidores do mundo, em seu livro *Princípios*, o qual aborda o equilíbrio entre diferentes músicos que tiram o melhor dos seus instrumentos, com muita técnica e criatividade. Isso se aplica tanto para as parcerias no trabalho, relação entre fornecedores e clientes, como na vida pessoal.

No *jazz*, não há roteiro definido, os músicos têm que descobrir a música à medida que ela é tocada. Em um determinado

CRIATIVIDADE EXPONENCIAL

momento, um dos músicos e o instrumento conduzem tudo e, em outro, assume a cena um instrumento diferente e levará a música para um lugar aonde não se esperava chegar ou não se chegaria se o *script* tivesse sido determinado nota a nota. De forma que combinando técnica e habilidades diferentes e improvisando criativamente, alinhados ao objetivo final dos músicos, levará os membros do grupo a tocarem música boa.

Os músicos podem ser os melhores, os instrumentos podem ser de ponta, mas se não estiverem entrosados e afinados, não atingirão todo o potencial. Numa banda de *jazz* não há um regente. Cada membro do grupo escolhe o momento certo de atuar e os outros têm confiança o suficiente para alternar o destaque com o seu colega.

Isso ocorre também em equipes exponenciais, em especial com métodos ágeis, o líder de um projeto não necessariamente é o chefe ou a pessoa mais experiente do grupo, mas sim é a pessoa mais competente ou com visão mais assertiva para uma determinada característica que um determinado projeto precisa para atingir seus objetivos de entrega.

Para ilustrar, imagine que a equipe esteja trabalhando em um projeto que consiste em criar um aplicativo de edição de fotos. Naturalmente, quem conduziria o projeto seria o membro do time que mais tivesse conhecimentos sobre fotografia ou estética e não um desenvolvedor sênior. Quando há a colaboração certa, em que cada um sabe o seu papel e o momento certo de agir, a entrega pode virar uma obra-prima.

Isso fica ainda mais evidente quando o objetivo do grupo é desenvolver algo exponencial. Tudo é potencializado. Uma *startup* com as pessoas certas para concretizar um objetivo, mesmo que em número pequeno de pessoas, tende a atingir resultados tão bons ou exponencialmente superiores a empresas estruturadas com mais pessoas e burocracias que uma *startup*.

Existe diferença entre administrar o caos criativo e jogar um balde de água fria na criatividade e é preciso bastante tato para entender quando se está indo para um lado ou para outro, em especial quando se trata de equipes.

No início do livro abordei a ideia da crença de que pessoas criativas não são tão focadas. Quando você lidera equipes criativas, tem que entender o perfil comportamental dos liderados e os resultados que cada membro dá para cada estímulo.

Com essas equipes, você pode não saber todo o caminho, mas sabe o destino e vai improvisando, adaptando, medindo e melhorando. À medida que essas equipes dão resultado, aumentam a confiança na entrega e acabam se destacando e ajudando a organização na sua escalada.

Desde cedo fui desenvolvendo minha criatividade da maneira que podia. Como não havia abundância de recursos na família, tinha que me virar como podia, tirando o melhor possível na maioria das situações. Uma das minhas características é que, por mais criativo que eu seja, sou muito disciplinado e isso me ajuda a enxergar as situações de maneira mais clara e manter o foco nos meus objetivos. Isso fez eu me especializar em gestão, assim contrabalanceei duas características antagônicas que me ajudam em meus resultados: criatividade e gestão.

Uma das coisas que faço até hoje é anotar, em meu celular ou *laptop*, uma ideia boa que tenho, para usá-la no momento

CRIATIVIDADE EXPONENCIAL

propício. Assim, o meu consciente não julga meu subconsciente, deixando espaço para ambos trabalharem em harmonia. Essas ideias podem ser arquivadas e nunca serem usadas ou mesmo podem ser retomadas quando você achar que está na hora certa de iniciar o seu teste e desenvolvimento.

Como já citei, avalio se, além de ser uma boa ideia, é também uma oportunidade escalável, a partir daí começo a tomar iniciativas concretas. Quando considero a ideia realmente boa e escalável, uma das providências que tomo é registrar o domínio *web* (www) relacionado ao nome da ideia. O que acontece é que, quando você compra ou registra um domínio com o nome da sua ideia e eventualmente ela for muito boa, quando for desenvolvê-la, estará a sua disposição.

Recentemente registrei o domínio de uma ideia disruptiva que tive. Essa ideia estava no *roadmap* e nas fases iniciais de desenvolvimento do protótipo funcional MVP quando fui contatado por uma grande empresa, uma das maiores do país. O resultado, depois de negociar um mês, foi a venda antes mesmo de o produto ser disponibilizado *on-line*. Isso me gerou 2600% de retorno sobre os investimentos no desenvolvimento prévio do produto.

Durante a negociação, tive a certeza do valor do produto e fiquei tentado a não o vender, mas na ocasião estava completamente focado em outro empreendimento, preferi abrir mão em troca de um valor considerável. Quando ainda está desenvolvendo o equilíbrio entre criatividade e execução, algumas pessoas caem em alguns erros e não conseguem atingir nenhum resultado. Por isso, enumerei alguns erros comuns que bloqueiam a sua criatividade ou a dos outros:

• **Medo de se expor:** mesmo nos momentos apropriados para *brainstorm*, muita gente tem medo de expor suas ideias e passarem por ridículas. Isso é um grande limitador da própria criatividade e, muitas vezes, da criatividade de quem está a sua volta.

• **Julgar:** é comum julgar a ideia quando se está num processo criativo, em especial em grupo. Evite julgar ideias nos estágios iniciais de processos criativos. Mesmo que esse tipo de bloqueio não ocorra, a solução nunca será tão inovadora como se saíssem livremente. As pessoas (não todas) têm um medo natural do julgamento, por isso acabam ficando travadas. É necessário entender que algumas ideias são visões claras de soluções e, outras, são fragmentos como peças de quebra-cabeça ou de Lego que vão sendo construídas. Por isso, peças de Lego são tão usadas por escolas de *Design Thinking*.

• **Testar pouco:** quantidade nesse caso é sinônimo de qualidade sim. Quanto mais ideias você põe na mesa, mais chances tem de encontrar algo que seja interessante e que traga uma proposta diferente, mais atrativa, inusitada e, muitas vezes, mais escalável que o padrão. É justamente assim que nascem ideias disruptivas, como no exemplo que dei sobre o Airbnb e a *startup* que visitei no Vale do Silício, que fazia entrega de produtos importados dos EUA para outros países, reduzindo taxas de importação.

• **Não colocar ideias à prova no campo de batalha:** em geral, você só saberá se sua ideia é suficientemente boa

CRIATIVIDADE EXPONENCIAL

se colocá-la à prova da crítica de um grupo de pessoas. Stan Lee, ex-presidente da Marvel Comics, foi também o criador de diversos personagens de sucesso fenomenal de bilheterias nos cinemas, sendo que personagens nasceram nos quadrinhos. Em uma entrevista, Stan Lee contou que trabalhava em uma revista que estava para ser encerrada, pois as vendas estavam fracassando, quando foi chamado pelo seu editor na época e escalado para criar um novo personagem. Então Stan Lee, a caminho de casa, viu uma mosca na parede e pensou: "e se eu criar um personagem que consiga andar pelas paredes? Seria demais". Mas não achava que o nome Homem-Mosca soasse bem. Dessa forma, decidiu mudar o nome e criar um personagem que se chamaria Homem-Aranha. Esse personagem seria adolescente, com problemas típicos da idade. Quando foi falar com seu editor sobre o personagem, a devolutiva foi: "Stan, essa foi a pior ideia que eu já ouvi em toda a minha vida! Para começar, as pessoas odeiam aranhas! Você quer que ele seja um adolescente? Adolescentes são ajudantes e têm problemas pessoais. Stan, você conhece os heróis, eles não têm esses problemas". Segundo contou Stan, ele não conseguia tirar o nome Homem-Aranha da sua cabeça e, como a revista estava para fechar, apenas para não se arrepender, colocou o Homem-Aranha na capa da revista e deixou para lá, para ver o que acontecia. Uma semana depois, as vendas começaram a explodir. Pouco tempo depois, o editor de Stan foi até a sua sala e, empolgado, disse: "Stan, Stan, lembra aquele personagem que falamos um tempo atrás e gostamos tanto? Vamos criar uma série dele". Resultado convence...

Nessa entrevista, Stan conta que, se você tem uma ideia que acredita ser boa de verdade, não deve deixar um idiota impedi-lo. Isso não quer dizer que cada ideia que você tenha seja genial. Mas se existe algo que sinta ser bom, algo que queira realmente fazer, que tenha um significado seu, deve tentar fazer. Ele acredita que você só consegue fazer o seu melhor trabalho, se estiver fazendo o que quer fazer e que acha certo. Se consegue se orgulhar, depois de conseguir fazê-lo. Seja o que for, deve dar o seu melhor.

Depois de rever essa entrevista, lembrei que toda vez que algum colaborador vem me contar uma ideia, mesmo que eu não a considere boa o suficiente, digo: "vá lá e teste".

• **Não se achar criativo (a):** não acredito em gênio criativo, pela minha experiência pessoas criativas treinam essa habilidade como um jogador de futebol treina jogadas diferentes. Ao longo do tempo, isso fica mais natural, simples, aumentando o repertório.

• **Não usar a imaginação:** Júlio Verne, Albert Einstein, Walt Disney, Nikola Tesla são alguns exemplos de pessoas que criaram soluções, ideias ou conceitos e que usavam a sua imaginação e não se contentavam até que fosse colocada em prática e se tornasse real. Walt Disney foi o inventor da roda-gigante, mas faleceu antes da sua construção física. Na inauguração da primeira roda-gigante, em entrevista ao ser indagada sobre qual seria a reação de Walt Disney se pudesse ver sua invenção pronta, a esposa respondeu: "Ele não precisa estar aqui fisicamente para ver a roda-gigante

CRIATIVIDADE EXPONENCIAL

pronta, pois ela já estava pronta na sua mente. Ele viu antes de todos nós."

• **Pensar em forma convencional:** as ideias revolucionárias, as consideradas mais exponenciais são esquisitas e estranhas à primeira vista. Se em 1932, alguém dissesse que era possível fazer com que um Ford andasse sozinho pelas ruas, essa pessoa seria tachada de maluca. Hoje, os veículos semiautônomos e autônomos são uma realidade e mudarão a forma com que as cidades são construídas, cadeias de produção, qualidade de vida entre outras mudanças causadas por essa disrupção. Dizem que a diferença entre um louco e um visionário são os resultados que cada um tem. Mas ninguém nasceu tendo resultados.

Existem várias técnicas para gerar ideias. Mesmo quando quase nenhum método existia, inovações já eram criadas. Somente não percebemos as inovações analógicas, as avós das inovações disruptivas que as tecnologias ajudam a viabilizar. A herança analógica faz com que, a cada tentativa de inovação disruptiva, sem conhecer a origem, haja inovações incrementais (aquelas que criam melhorias em algo que já existe).

Fazer algo similar ao que já existe não trará resultados diferentes em sua essência e não haverá inovação disruptiva. Obviamente, é válido; exceto em alguns casos, ninguém quer ficar reinventando a roda novamente nem é necessário. Mas sem ser mais radical e usar tecnologia, dificilmente há disrupção e exponencialidade.

Por outro lado, a criatividade descontrolada é como uma barragem de bilhões de litros d'água rompida. Sem um canal ou alguns canais pensados para levar a água e toda a sua potência para um objetivo, ela pode carregar tudo o que estiver à sua frente. Ao passo que, quando essa mesma energia é canalizada, pode gerar eletricidade e abastecer cidades inteiras.

Existem pessoas que são mais hábeis em lidar com profissionais que têm um grau um pouco ou maior de criatividade; outros conseguem até mesmo lapidar pessoas que não se consideram criativas. O importante é entender que a criatividade precisa ser estimulada, em todos os aspectos possíveis. Mas que o objetivo final é buscar a solução de problemas em função de produtos ou serviços de crescimento exponencial para impactar o máximo de pessoas, de maneira mais barata possível, de maneira mais rápida possível e com o mínimo de recursos e custos possíveis.

Tarefa

1. Crie uma pasta em seu bloco de notas chamada ideias ou inovações.

2. Escreva em uma nota toda vez que você tiver uma ideia que considera inovadora e disruptiva, por mais absurda que seja.

3. Não julgue a sua ideia, apenas a anote.

4. Use a imaginação e anote na figura a seguir cinco ideias que você teve lendo este livro. Seja um produto, um serviço, um fluxo ou processo.

5. Compartilhe uma das cinco ideias com um colega de trabalho ou um amigo com *mindset* convencional e pergunte o que ele acha.

CRIATIVIDADE EXPONENCIAL

Dica: se ele ou ela achar absurda ou impossível, existe uma tendência de que isso seja uma boa ideia. Isso ajudará você a se expor mais e se preocupar menos com a opinião dos outros.

HISTÓRICO DE IDEIAS INOVADORAS	
Inovação 1	
Inovação 2	
Inovação 3	
Inovação 4	
Inovação 5	

CAPÍTULO 10
AS 3 LEIS DA DISRUPÇÃO

Nunca se viveu tantas transformações quanto as que estamos vivendo e ainda estamos para viver. Um dos motivos pelos quais mercados inteiros estão sendo reinventados, produtos, serviços e profissões seculares estão se tornando obsoletos é por conta do avanço da tecnologia. E o avanço da tecnologia segue um fluxo exponencial, permitindo a disrupção.

Embora a vida de bilhões de pessoas esteja sendo impactada por essas inovações, a maioria vive suas vidas e carreiras sem se preocupar com isso. Normalmente, porque o impacto é para melhor. Mas isso muda de figura quando você está no meio do furacão, quando as inovações tiram algo tido como certo. Em especial, se sua profissão, empresa ou negócio estão correndo riscos.

Uma mudança drástica pode estar prestes a acontecer com você – certamente acontecerá em algum momento – o mínimo que pode fazer é estar preparado para lidar com essas mudanças e até mesmo tomar proveito disso, pivotando, se adaptando e não liderando as transformações. Você chegou até aqui e já está um ou muitos passos à frente da maioria das pessoas. Use as informações e constatações a seguir para

CRIATIVIDADE EXPONENCIAL

se preparar para participar proativa e positivamente dessas transformações.

Existem algumas leis que se complementam e nos ajudam a entender tanto como as inovações e disrupções acontecem, quanto nos auxiliam a entender em qual momento nós podemos estar para encurtar o caminho e não perder ou até mesmo pegar carona no rabo do cometa.

LEI 1 - Lei de Moore

Gordon Earl Moore, Ph.D. em Química e Física, cofundador da Intel, uma das maiores fabricantes de processadores do mundo, em 1965, publicou um artigo científico que, em resumo, previa que a capacidade de um processador de dados dobraria a cada 18 meses sem que isso representasse aumento de custo de fabricação, consumo de energia ou espaço ocupado.

Imagine que a computação evoluiu tanto de lá para cá que, praticamente, toda a digitalização e tecnologia que usamos hoje, daqui a mais ou menos um ano e meio, será 2x mais rápida que hoje. Isso também equivale a dizer que o volume dos processadores necessários para fazer um computador de hoje funcionar em 1970 seria similar a uma vaga de estacionamento.

Se a indústria automobilística tivesse evoluído tanto quanto a da tecnologia baseada em processamento de dados, os carros de hoje precisariam ser abastecidos apenas uma vez. Como assim, abastecer uma vez a cada semana? A cada mês? A cada ano? Não, apenas uma vez, desde a compra até sua obsolescência. Com isso, conseguimos imaginar como será o futuro se essa lei continuar a se confirmar, assim como tem se confirmado até hoje.

WENDELL TOLEDO

Existem alguns pesquisadores que dizem que essa lei está prestes a expirar e isso está previsto para 2025, pois como os transistores dos processadores já estão reduzidos à nanotecnologia, em breve não será possível reduzi-los ainda mais pelo limite do componente químico usado na sua fabricação, o silício. Porém, alternativas já estão sendo testadas para redução ainda maior, como o grafeno, que está sendo usado na computação quântica.

É exatamente essa melhoria de *performance* e redução de custos que têm tornado viável o avanço da inteligência artificial, dos veículos autônomos, além da biomedicina, entre outras tecnologias e inovações. Da velocidade da comunicação em uma videoconferência, à assertividade de recebimento de informações enviadas por satélites sobre condições climáticas ou até mesmo informações de trânsito, tudo isso será impactado positivamente, garantindo não só maior eficiência, mas também redução de custos e viabilidade financeira na aquisição e absorção de produtos e serviços inovadores.

O problema disso tudo? Da mesma maneira que poderemos adquirir serviços, produtos e acessos de maneira mais conveniente e com ganho de qualidade de vida, também ficará mais fácil e barata a disrupção de outros serviços, produtos e profissões que hoje entendemos como essenciais, mesmo se considerarmos as tecnologias atuais. Embora não vá me aprofundar nisso, a computação quântica pode inclusive acabar com a própria lógica da tecnologia como a conhecemos hoje.

Recentemente, o Google anunciou que seu computador quântico, chamado de Syncamore, realizou em 3 minutos e 20 segundos um cálculo que demoraria 10.000 anos para ser realizado

CRIATIVIDADE EXPONENCIAL

com um computador comum. No nosso dia a dia, essa tecnologia ainda está longe de ser realidade, mas não se pode subestimar o avanço da tecnologia, especialmente quando financiado por somas enormes de capital. O próprio governo americano destinou em torno de US$1.2 bilhões do seu orçamento para pesquisa no desenvolvimento da computação quântica.

LEI 2 - A Teoria das mudanças aceleradas ou Lei dos retornos acelerados

Ray Kurzweil é apontado por Bill Gates como a pessoa mais competente para dizer quais serão os impactos da tecnologia no futuro, tal qual a própria inteligência artificial e seu uso prático. Ele prevê avanços acelerados e cita que, em 2045, vamos chegar à singularidade. Isso significa que, nesse momento, a inteligência da máquina será maior do que toda a inteligência humana combinada.

A teoria ou lei dos retornos acelerados amplia o conceito de Moore à taxa de inovação tecnológica e não apenas à velocidade de processamento de dados, dizendo que essa taxa também está intimamente ligada a iniciativas e negócio de base tecnológica. Em resumo, isso quer dizer que a tecnologia alavanca as inovações e os negócios de base tecnológica impulsionam ambas, aumentando a velocidade em que as próprias inovações acontecerão.

Com tecnologias e iniciativas do século 20, em 100 anos tínhamos 100 anos de evolução (linear). Ao passo que, no século 21, com tecnologia e iniciativas exponenciais, podemos ter 20.000 anos de evolução em 100 anos (exponencial). Isso significa que a tecnologia vai além da fabricação de ferramentas digitais. É um processo de criação de tecnologia cada vez mais poderoso, usando ferramentas da rodada anterior de inovações. Na prática, isso mostra que é possível tomar partido das tecnologias existentes usando a criatividade, que é amplificada pela própria viabilidade trazida pela tecnologia para inovar. Além disso, nos permite inovar não só usando tecnologia, mas produzindo mais tecnologia inovadora a partir da existente.

Nos negócios, a disrupção tecnológica impacta as empresas tradicionais que usam tecnologia ou não, também por efeito do próprio comportamento de empresas disruptivas. O que ocorre é que se fazendo do uso de tecnologias disruptivas, conseguem fazer melhores ofertas a consumidores que não eram servidos na faixa de valor que conseguiam pagar ou serem atendidos pelas grandes empresas. À medida que as tecnologias utilizadas pelas inovadoras se tornam mais baratas, ganham escala de maneira tão rápida, que suas rivais tradicionais não conseguem mais adaptar nem a oferta de valor, nem preço para atendê-las. É nesse ponto que a disrupção ocorre.

LEI 3 - Os 6D's da disrupção

Juntos os 6D's da disrupção formam um *framework* prático que explica como as inovações impactam em disrupção e como esse modelo ajuda a entender o ponto em que as mudanças acontecem. Cada D é um estágio que nos ajuda a compreender em qual nível mercados, produtos, serviços e profissões estão para que possamos tomar providências para nos anteciparmos para cada uma delas ou, como sempre digo, tomar partido dessas disrupções exponenciais.

Casos como o da Kodak *versus* câmeras digitais assumindo o papel de compartilhamento de imagens, o Instagram ou o crescimento exponencial da Netflix que impactou no declinou e falência da Blockbuster, que teve inclusive oportunidade de comprar a própria Netflix e não enxergou por falta de entendimento do que estava para acontecer, e até mesmo o que ocorreu com a indústria da música e a própria televisão a cabo, com a chegada avassaladora do *streaming*, são muito falados e populares. Não faltam exemplos de disrupções que transformaram mercados e impactaram a forma como criamos e consumimos soluções de todas as naturezas e finalidades.

O primeiro passo é entender o fluxo lógico do nascimento, passando pela exponencialidade da disrupção chegando até a acessibilidade. Vamos dissecá-lo nesse capítulo. O objetivo aqui não é endeusar nenhuma empresa, iniciativa ou *startup*, mas sim mostrar a lógica do crescimento, em função do seu modelo de negócios disruptivo e em conjunto com o uso de tecnologias exponenciais.

O gráfico abaixo mostra a diferença entre iniciativas exponenciais e iniciativas lineares.

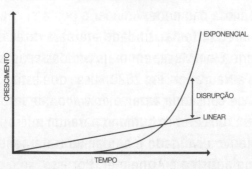

Esse tipo de gráfico é conhecido como gráfico em J e é usado em todos os estudos e análises de crescimento exponencial. Chama-se de joelho o momento em que o gráfico sofre uma ruptura de tendência e começa a crescer numa linha quase vertical, superando completamente qualquer projeção ou lógica linear. Os 6D's da disrupção segue essa mesma curva, porém de maneira lógica e detalhada.

1º D - Digitalização

Hoje quase não há barreiras para a digitalização. Seja produtos, processos, serviços ou mesmo acessos podem ser digitalizados e, com isso, abrem-se oportunidades sem precedentes para a disrupção e crescimento em escala exponencial.

O que há pouco tempo parecia impossível de ser realizado fora do ambiente físico, hoje está na palma de nossas mãos em forma de ícone ou aplicativo em nossos *smartphones*. De fotografias, filmes, música, entretenimento a utilitários, existem poucas coisas que ainda não são passíveis de digitalização. Basicamente tudo o que é artificialmente criado ou produzido pode ser digitalizado. O contrário, até hoje o que é natural, que vem do meio ambiente ainda não pode.

Mas é preciso tomar cuidado até para dizer isso, pois nosso amigo Elon Musk, em mais um dos seus empreendimentos, a Neuralink, em 2020, disse que está a cerca de dois anos de conseguir fazer o *download* de informações contidas em um cérebro humano para um microprocessador. O objetivo divulgado é ajudar no tratamento de doenças como autismo e Alzheimer. Por isso, se o que você

CRIATIVIDADE EXPONENCIAL

faz ainda não está na nuvem, estará em algum momento e será impactado. Ou você próprio/a pode de modo pioneiro buscar essa mudança.

2º D - Decepção

Existe muita crítica quanto à Kodak, pois era líder de mercado e não conseguiu se adaptar às mudanças da fotografia digital, levando a empresa à falência. Mas o que nem todo mundo sabe é que a fotografia digital nasceu na própria Kodak, no ano de 1975. Porém, o *board* da empresa não acreditou quando viu o resultado obtido pelo protótipo, que pesava em torno de oito quilos. As imagens eram visualizadas em 33 segundos em preto e branco e com a qualidade de 0,01 *megapixels*.

A entrega da tecnologia em si era decepcionante para essa gigante da indústria que, como a maioria das organizações de hoje, estão focadas em vender mais, pelo maior preço, com a maior margem e com o menor custo em investimento possível. Esse é o jogo que tem que ser jogado, mas não é o campeonato todo. A Kodak aderiu à solução digital apenas 18 anos depois e, em 2012, declarou falência.

O que precisa ficar claro é que do ponto de vista do negócio naquele momento a Kodak vendia seus filmes a preços baixos, com boas margens e ninguém reclamava da qualidade, pelo contrário. O sucesso pode também ser uma grande armadilha para empresas, negócios e profissionais já estabelecidos. Quando uma tecnologia disruptiva ou uma solução inovadora aparece, não é em sua versão Beta ou no seu MVP que as pessoas conseguem obter o máximo da sua *performance* e você entenderá adiante.

Particularmente, esse é um dos D's que eu mais gosto de acompanhar, pois é nele que se encontra o grande diferencial e o potencial de crescimento exponencial e que poucos conseguem ver ou apostar. Correr riscos é fundamental para a inovação. Mas, no início, o resultado é decepcionante. Quais as soluções decepcionantes que você pode conceber utilizando tecnologia em seu mercado? Ou quais são as soluções decepcionantes já existentes que podem impactar? Fique de olho nelas.

3º D - Disrupção

Uma disrupção acontece quando uma inovação cria novo mercado e abala outro que já existe, usando tecnologia. Em geral, essa inovação começa numa escala pequena e parece insignificante perto do que já existe. Mas, quando essa inovação encontra massa crítica de clientes ou usuários dispostos a aderirem aos seus benefícios, em um momento em que a tecnologia já está suficientemente boa para ter resultados mais eficientes e baratos que a solução anterior, a disrupção acontece.

Em uma viagem aos Estados Unidos, decidi trazer o GPS mais *top* que encontrei. Instalei no meu carro, configurei uma preferência e outra e saí felizão pelas ruas de São Paulo. Como a cidade está sempre crescendo, era bem difícil atualizar o equipamento e, mesmo que ele fosse o melhor que encontrei, até pelo preço que paguei, havia demora no cálculo de rotas, perdia o sinal. Eu estava insatisfeito, mas era isso ou tentar adivinhar os caminhos dos destinos pelo que eu conhecia ou depois de pesquisar na *internet*.

CRIATIVIDADE EXPONENCIAL

Pouco tempo depois, descobri um *app* que resolvia esse problema muito bem. Ele era colaborativo, dava para personalizar a voz do locutor, inclusive a língua. Além disso, atualizava automaticamente e mostrava as melhores rotas de acordo com o trânsito. Esse *app* era o Waze, aplicativo de origem israelense que desbancou gigantes da indústria como a TomTom e foi comprada pelo Google por US$1,1 bilhões, em 2011. Em 2020, o aplicativo tinha mais de 250 milhões de usuários no mundo. Por isso, dê atenção às tecnologias emergentes e soluções que hoje parecem insignificantes no seu mercado ou carreira.

4º D - Desmaterialização

Listo aqui alguns itens que pareciam impossíveis de serem desmaterializados com qualidade e que, aos poucos, foram se tornando padrões em nossos *smartphones* e *laptops*:

- Calculadoras;
- Lanternas;
- Filmadoras;
- Câmeras fotográficas;
- Gravadores de áudios;
- Serviços de entrega de correspondências;
- Agendas telefônicas;
- *Videogames*;
- Universidades;
- Cartões de crédito;

WENDELL TOLEDO

- Bancos;
- Cartões comerciais;
- GPS;
- Guias de hotéis;
- Guias de viagens;
- Blocos de notas;
- Livrarias;
- Estações de rádios;
- TVs;
- Estúdios de gravação de música;
- Professores de meditação;
- Dicionários;
- Tradutores.

Apenas para citar alguns que estão à disposição em *smartphones* em nossas mãos, bolsos e bolsas. Mas são milhões de serviços e produtos que dispomos com comodidade e redução de custos.

Um dos feitos dos quais mais me orgulho de ter criado foi a Gofair, uma plataforma que leva feiras, eventos, exposições, *showrooms*, convenções e lançamentos imobiliários para a nuvem. O que fazemos é digitalizar todos os principais aspectos de um evento físico em uma plataforma digital. Da visitação de *stands* ou espaços virtuais em 3D e em realidade aumentada, passando por transmissão de palestras e até mesmo a geração de *networking*.

CRIATIVIDADE EXPONENCIAL

Em praticamente um mês e meio de lançamento oficial da plataforma, a Gofair já havia sido destaque em jornais de grande autoridade no país e já tinha sido sondada por alguns fundos de investimentos, tal o potencial criativo e disruptivo da solução. Isso só foi possível por conta do avanço da tecnologia e em função do momento que necessitava de distanciamento social. Com a mudança de comportamento das pessoas, essa solução tende a perdurar, trazendo ganhos logísticos e redução de custos operacionais para todos.

Esses são apenas alguns serviços ou produtos físicos que foram digitalizados nos últimos anos e cabem nos nossos bolsos. Na maioria das vezes, a custo muito baixo ou mesmo sem custo algum, impactando indústria e mercados inteiros. Por isso, se você acha que o produto ou serviço linear em que atua é impossível de ser digitalizado, volte alguns capítulos e releia novamente.

5º D - Desmonetização

A tecnologia tem a capacidade de tornar um produto ou serviço em algo substancialmente mais barato ou até mesmo gratuito. Com o uso de tecnologia, *apps* ou plataformas, é possível reduzir os custos operacionais de forma considerável já numa primeira fase. Além disso, quanto mais usuários pagantes se obtêm, mais diluídos ficam os custos marginais. Isso equivale a dizer que o exponencial escala sua base de geração de valor (pode ser receita direta ou indireta) de forma que os custos não crescem proporcionalmente. Ou seja, a receita aumenta desproporcionalmente às despesas.

Plataformas que usam o formato de *marketplace*, podendo ser de produtos, serviços ou acessos, conectam pessoas interessadas em consumir algo com pessoas que querem vender ou fornecer. Nesse caso, o serviço ou produto é digitalizado e a plataforma intermedeia a transação por uma taxa de comissão pela transação chamada de *take rate*. Com isso, a plataforma reduz a fricção potencial de uma transação que poderia não acontecer de forma física, sem necessidade de estoque e reduzindo ainda uma série de processos custosos. Isso tudo impacta positivamente no volume de distribuição do serviço ou produto que, por conseguinte, reflete no preço, reduzindo-o ou o eliminando.

No uso de telefonia fixa ou móvel, as taxas cobradas para ligações de longas distâncias ou internacionais aumentam proporcionalmente à distância entre uma ponta e outra da ligação. No momento que apareceram o WhatsApp e Skype, reduziu-se o custo de ligações a zero, resultando em uma disrupção que impactou na completa desmonetização dos custos de telefonia. Vale a pena citar também o Zoom e outros sistemas similares de videoconferência que explodiram em 2020.

6º D - Democratização

A democratização é o momento que a inovação disruptiva atinge o seu ápice e isso implica que um grupo grande de pessoas, milhões ou bilhões, tenham acesso a serviços e produtos a custos muito baixos em comparação aos seus pares analógicos, ou mesmo não gerando nenhum custo para o usuário. O caso do Waze e WhatsApp são exemplos de desmonetização.

CRIATIVIDADE EXPONENCIAL

Eu prefiro chamar a democratização de acessibilidade, uma vez que, mesmo de maneira gratuita, pessoas que ainda não estão conectadas à *internet* não conseguem aderir a essas experiências, embora isso seja uma questão extrema. A democratização, ou como chamo acessibilidade, é o que acontece quando objetos físicos ou serviços são inseridos em uma plataforma digital em volumes tão altos que seus preços se aproximam do zero, quando não são totalmente gratuitos. Outro exemplo é a plataforma criada por mim e minha equipe, a Artluv, que é uma mistura de *marketplace* de arte e, ao mesmo tempo, uma rede social para artistas.

Antes da Artluv, artistas brasileiros que queriam expor suas obras só tinham como alternativas as poucas e restritas galerias de arte existentes no país. Depois de sua criação, dezenas de milhares de artistas plásticos de diferentes vertentes da arte conseguem expor de maneira profissional, ter sua identidade digital e aparecer nos mecanismos de buscas em primeiro lugar em suas categorias, além de poderem vender suas obras para amantes de arte e colecionadores de qualquer lugar do país.

Tarefa

Utilize os 6D's da disrupção para projetar o futuro dos mercados a seguir daqui a 50 anos, considerando a Lei de Moore, que diz que "o poder de processamento dobra a cada 18 meses". Acrescente também a teoria de Kurzweil: no século 21, teremos 20.000 anos de evolução graças à tecnologia e às inovações. Se preferir, você pode utilizar o mesmo exercício para o seu mercado.

PROJETE O FUTURO DESSES MERCADOS COM AS 3 LEIS DA DISRUPÇÃO	
Educação	
Eventos	
Varejo	
Rádio	
Turismo	

Desafio

Agora que você já conseguiu projetar mentalmente o futuro desses mercados, pare nessa cena ou imagem e, partindo da sua visão, tente imaginar o futuro do futuro.

CRIATIVIDADE EXPONENCIAL

PROJETE O FUTURO DO FUTURO, DESSES MESMOS MERCADOS, A PARTIR DO PONTO QUE IMAGINOU NA TAREFA ANTERIOR. O RESULTADO SERÁ SURPREENDENTE.	
Educação	
Eventos	
Varejo	
Rádio	
Turismo	

CAPÍTULO 11
EFEITOS DE REDE

Trabalhar em rede é uma forma inteligente, mais leve e barata de escalar qualquer coisa. Trabalhar em rede significa que você pode se conectar, conectar as suas ideias, seus serviços, seus produtos a sistemas e pessoas para aumentar sua escalabilidade. Esse é um ponto-chave para escalar rápido. Quanto mais a utilização de um produto, serviço, organização ou ação cresce, mais valiosa a rede se torna. As ações em rede geram ressonância e amplificam os resultados de qualquer ação.

Se tem um produto ou serviço e quer distribui-lo, pode oferecer em *marketplaces*. Se você deseja passar sua mensagem, pode amplificá-la via *podcasts*. Existem dezenas de categorias de efeitos de rede. A seguir, listo os mais comuns e que considero mais relevantes. Aqui, você pode identificar onde seu serviço, produto ou solução melhor se enquadra para que possa considerar em sua estratégia de escala exponencial.

Dez tipos de efeitos de rede (e exemplos):

- Físico (*tablets* e celulares);
- Protocolo (tecnologia *Blockchain*);

CRIATIVIDADE EXPONENCIAL

- Utilidade pessoal (WhatsApp e Telegram);
- *Market Network* (Artluv, GetNinjas);
- *Marketplace* (Magalu, Mercado Livre, Amazon);
- Plataforma (iOS, Nintendo, Windows);
- Mercados Assintóticos (Airbnb, Uber);
- Dados (Waze, Google);
- Soluções e *Performance* (*Streaming / Torrent*);
- *Bandwagon* (pressão sociocomportamental para adesão a alguma solução).

Esses tipos de efeitos de rede ganham escala à medida que usuários aderem à sua base. Normalmente, uma pessoa acaba trazendo outra e outra e outra. Se ela aderir sozinha a uma rede, não terá sentido, caso do Facebook, Instagram e do próprio WhatsApp. No caso do Zoom, *app* para transmissão de videoconferências, basta alguém convidá-lo para uma reunião para já ganhar um usuário ou muito usuários.

Uma das estratégias para crescimento das redes é oferecer seus serviços básicos de maneira gratuita e, após a adesão massiva, vender upgrades essenciais, que aumentam a *performance* e entrega dos serviços, monetizando de maneira escalável.

Redes que conectam pessoas para entregar produtos e serviços são consideradas *multiside networks* e precisam, obrigatoriamente, de vendedores ou produtores para atrair consumidores, caso dos *marketplaces* e *market network*, Amazon e do Mercado Livre. Outros necessitam de uma malha de usuários para ampliar seu valor, como no caso do Waze, em que cada usuário colabora para a melhoria do próprio sistema, o que seria impossível de se fazer se não fosse essa característica.

O PayPal, uma das primeiras empresas de meios de pagamento digitais é um ótimo exemplo de organização que usou efeito de rede para crescer exponencialmente. Um *freelancer*, por exemplo, pode decidir criar uma conta no PayPal para aceitar pagamentos provenientes da sua prestação de serviços, devido à praticidade da plataforma, segurança e por considerar as taxas adequadas. Obviamente, para receber o valor de um serviço prestado, o *freelancer* precisará criar e cadastrar uma conta. Então, para pagar as pessoas ou empresa que contratou seus serviços também deverá criar uma conta no Paypal para concluir a transação.

Dessa forma, para um único serviço, são criadas duas contas de usuários diferentes e a cada recebimento ou pagamento que essas duas pessoas transacionarem, mais novos usuários aderirão à plataforma, gerando mais valor para a rede sem custo de aquisição de usuário para o Paypal. Isso é exatamente o que ocorre com uma organização exponencial, aumentar a sua base de clientes e usuários, reduzindo os custos de aquisição de clientes e usuários.

No caso dos serviços de comunicação, o WhatsApp, por sua vez, tem um efeito de rede impactante e escalável, considerando que o uso do aplicativo só gerará valor para um usuário, se mais usuários também estiverem usando o serviço ou solução. No mundo da música, o Spotify também é um exemplo que se aproveita dos efeitos de rede. No seu caso, sendo praticamente um *marketplace* de *streaming* de música

CRIATIVIDADE EXPONENCIAL

e áudio. Seu efeito de rede consiste em que, quanto mais conteúdo de alta qualidade e maior variedade de conteúdos ele tenha em sua base, mais usuários poderão usufruir dos seus benefícios. Mesmo que um usuário compartilhe uma *playlist* com um amigo, essa peculiaridade da rede é de baixa densidade, pois os nós ou *"nodes"* (conexões da rede) não são interdependentes entre os usuários.

Já no caso do LinkedIn, cada usuário precisa obrigatoriamente que outros estejam conectados à sua rede de contatos para haver valor. Quanto mais nós (*nodes*) ou conexões de rede um determinado usuário tenha, mais potencial valor a sua rede tem. E, como resultado, mais valor é gerado ao LinkedIn.

Hoje, por causa do efeito de rede em conexões, você pode estar a cinco contatos de distância de alguém que você queira se conectar. As redes podem ser de alta ou baixa densidade e o que difere umas das outras é a característica de base, a qual necessita de mais ou menos interdependência entre usuários. Outra característica é que a rede pode gerar valor direto ou indireto. Sendo que o valor direto se refere à entrega final da plataforma ao usuário e, a indireta, os usuários geram valor a si mesmos e à própria rede.

O gráfico a seguir mostra a diferença entre uma rede de baixa densidade e uma de alta densidade. Perceba que cada nó, ou ponto de conexão, gera mais valor para a rede. Sendo que a de baixa densidade entrega valor diretamente e, a de alta densidade, gera mais valor de maneira indireta. Graças à sua tecnologia e aos usuários conectados em sua base.

Tanto o Facebook quanto Instagram e Tik Tok também utilizam o efeito de rede, uma vez que você gerará valor às plataformas assim que se conectar a outras pessoas. Cada ponto a mais em uma rede eleva exponencialmente o valor da própria rede. De forma que, com 1.000 usuários, criam-se 499.500 possíveis pontos de conexão.

Seja lá qual for o seu negócio ou atividade, pode e deve utilizar o efeito de rede para elevar o seu resultado.

*Para ver exemplos de efeitos de rede, acesse o *QR Code* no final deste livro.

Tarefa

Meu negócio é: _____

O efeito de rede que posso potencializar é: _____

Usuários:	Usuários:	Usuários:	Usuários:
Conexões:	Conexões:	Conexões:	Conexões:
Crie os nós	Crie os nós	Crie os nós	Crie os nós

Modelo de negócios similar que posso replicar (1): _____

Modelo de negócios similar que posso replicar (2): _____

CRIATIVIDADE EXPONENCIAL

1. Marque, no círculo, o tipo do seu negócio, serviço ou produto.

2. Identifique qual efeito de rede pode fazê-lo escalar.

3. Crie nós (*nodes*) de acordo com a densidade possível da sua rede.

4. Estude dois modelos de negócio que utilizem efeitos de rede similares e replique ao seu negócio, serviço ou produto.

CAPÍTULO 12
TECNOLOGIAS EXPONENCIAIS

"Se você pode imaginar, você pode fazer". Walt Disney foi um visionário e realizador, que combinou criatividade às tecnologias da época para deixar o seu legado de entretenimento, arte e sonhos. Além dele, inúmeros realizadores sempre utilizaram de tecnologia para impactar o mundo.

Pessoas como Walt Disney, Nikola Tesla, Thomas Edison, Henry Ford, Albert Einstein, passando por Steve Jobs, Bill Gates e chegando a Elon Musk, grandes personalidades que deixaram suas marcas por meio de produtos e serviços, mudaram a forma como as coisas são vistas ou feitas. Por gerações, sempre utilizaram como base a tecnologia existente e disponíveis na época, ou as aprimoravam para criar nova realidade.

O pelotão precursor das inovações usava o que na época era tido como tecnologia de ponta, mas que consumia uma série infindável de recursos naturais, humanos e financeiros. Já a turma do pelotão seguinte, como o de Gates, Jobs e Musk, tomou proveito de tecnologias exponenciais para acelerar a viabilidade e reduzir custos de suas disrupções, tornando-as possíveis.

CRIATIVIDADE EXPONENCIAL

Como vimos, a Lei de Moore nos dá indícios de que uma tecnologia ou ferramenta, que era muito valiosa dez anos atrás, talvez hoje já esteja obsoleta – ao menos em sua primeira versão –, por esse mesmo motivo, este capítulo deverá ser alterado a cada nova edição deste livro, mas não em seu conceito básico.

Vimos que, no primeiro momento, uma inovação causa decepção por causa dos seus resultados qualitativamente baixos e insatisfatórios, mas à medida que essa tecnologia avança e seu custo reduz, encontra escala e domina mercados. Essa foi a nossa conclusão, correto? Pois bem, costumo dizer que tecnologia boa mesmo é aquela que você não percebe que está usando, menos ainda quantos tipos de tecnologia estão sendo combinadas para que algo produza certo resultado ou benefício.

Essas tecnologias, por sua natureza exponencial, deixam algumas tecnologias anteriores obsoletas, tornam viáveis o que antes era impraticável, tendem a democratizar ou tornam o consumo de certos produtos e soluções mais acessíveis e geram, normalmente, benefícios enormes para quem usa ou quem é impactado pelas tais.

Vejamos alguns dos exemplos de tecnologias exponenciais que já estão impactando em menor ou maior escala e que ainda escalarão na medida do avanço tecnológico e maior acessibilidade financeira.

Impressão 3D

A impressão 3D foi muito difundida devido ao seu uso para prototipagem e é comum no universo *maker*. À medida que a tecnologia se desenvolveu, grandes indústrias e empresas tomaram partido da tecnologia reduzindo custos de manufatura e logística. Com relação à prototipagem, é muito eficiente, pois consegue ter um primeiro modelo de um produto ou peça antes de se produzir em série, dando maior flexibilidade de ajustes antes de sua versão final. A impressora 3D funciona recebendo *inputs* de arquivos digitais – geralmente em CAD – e imprimindo um objeto tridimensional, fatia a fatia.

Com maior acesso às impressoras 3D, diversas áreas e mercados têm usado a tecnologia e ganhado eficiência produtiva e criativa. Como a engenharia, *design*, arquitetura, medicina, ortodontia, joalheria, manufatura de embalagens e até construção civil. A tecnologia vem sendo testada e usada para imprimir casas e grandes construções a tecidos e órgãos artificias para uso em seres humanos.

Outro aspecto importante da impressão 3D é o ganho de eficiência logística, que realmente gera uma completa revolução e disrupção, pois basta considerar que uma indústria e organização futuramente poderão se transformar em grandes centros de pesquisa e desenvolvimento e distribuir arquivos para que as suas subsidiárias simplesmente imprimam suas criações. Com essa tecnologia, toda uma cadeia de distribuição pode ser impactada.

Tomando uso dessa tecnologia, uma marca de roupas pode criar suas coleções e distribuir em seu *app* ou *website*. Por sua vez, o consumidor pode comprar não uma peça de roupa, mas o uso do arquivo da peça e a imprimir em casa. Imagine o impacto disso em todo o ecossistema de moda e varejo.

Se você acha esse tipo de visão futurista, saiba que em 2015 (cinco anos antes deste livro ser escrito) a FDA, órgão

CRIATIVIDADE EXPONENCIAL

americano que regulamenta a indústria farmacêutica e de alimentos no país, liberou a impressão de um medicamento usado para controle de convulsões.

Isso quer dizer que, futuramente, de maneira controlada e regulamentada obviamente, medicamentos poderão ser impressos diretamente em farmácias e hospitais, trazendo benefícios imensos para toda essa cadeia de produção e consumo e o mesmo se aplica para quase todos os mercados.

A HP, por exemplo, que sofreu muito com a digitalização, hoje enxerga um mundo sem estoque, no qual quase tudo poderá ser impresso sob demanda e de maneira personalizada.

Inteligência artificial

Um assunto que vem sendo muito abordado já há algum tempo é a evolução e os impactos da inteligência artificial no mundo. Essa é mais uma das tecnologias disruptivas que vem evoluindo de maneira exponencial e seus impactos já são sentidos na sociedade e serão cada vez mais evidentes e inerentes ao nosso dia a dia.

Antes de entender os impactos da inteligência artificial, é interessante falar sobre o que ela é de fato. As inteligências artificiais são *softwares* que simulam a capacidade cognitiva humana, que aprendem à medida que são alimentadas de informações, gerando *outputs* ou resultados do seu aprendizado. A inteligência artificial já impacta as nossas vidas, sendo que muitas pessoas ainda não sabem claramente onde ela é usada.

Se alguém lhe perguntasse qual é o serviço base do Google, Facebook, Amazon e Netflix, sem entrar em detalhes, provavelmente diria que são empresas de *internet*, rede social, varejo e entretenimento. Mas essas empresas têm como base a inteligência artificial.

A inteligência artificial já está causando impactos na sociedade e criando uma transição entre o presente e o futuro das profissões, considerando que tarefas mecânicas podem ser facilmente replicadas por esses *softwares*. Se uma tarefa repetitiva pode ser feita por uma inteligência artificial, não precisando de um humano, isso naturalmente afeta dezenas e centenas de profissões, o que à primeira vista é negativo.

Por outro lado, se a inteligência artificial executa tarefas repetitivas, traz outros benefícios, como ganho de eficiência na entrega de resultados, de maneira que as pessoas poderão decidir com maior assertividade e qualidade o que fazer ou não. Da mesma maneira que a revolução industrial tirou o emprego dos cocheiros de carroças, também criou empregos na indústria, isso tende a ocorrer nesse momento que estamos vivendo.

O desafio é treinar as pessoas para esse novo momento, pois muitas ainda acham que isso é coisa de ficção científica e o problema é que, na velocidade em que as disrupções acontecem, quem não estiver atento a isso, pode ter dificuldades. A disrupção não pede passagem nem desculpa.

Esse assunto é muito abrangente e vamos abordar apenas três áreas da sociedade que a inteligência artificial impactará.

Educação

Desde que nos entendemos como gente, os professores são fundamentais e responsáveis pela nossa formação e para o desenvolvimento da sociedade e já temos visto que a relação e forma como a educação vem sendo utilizada está

CRIATIVIDADE EXPONENCIAL

mudando. Embora mudanças estejam ocorrendo, um dos grandes problemas da educação é que segue um modelo baseado na revolução industrial.

No mundo atual, muitos desses aspectos educacionais do século XVII não fazem mais sentido, como o ensino em massa e padronizado. Isso funciona para dar escala, mas não desenvolve o potencial individual. Esse é um desafio real. Com inteligência artificial, é possível personalizar o ensino individualmente e isso tende a tornar mais eficiente e interessante o trabalho dos professores, fazendo com que possam focar em suas verdadeiras vocações e funções e não em tarefas maçantes, como correção de provas e classificação de notas.

A função de uma instituição educacional é ensinar, e ensinar implica fazer com que o aluno aprenda, sempre que possível com a própria experiência, não apenas passar o conteúdo ao aluno. Eventualmente, o que um aluno aprende com facilidade de uma maneira, outro tem mais dificuldade, utilizando o mesmo método.

Já existem aplicações de inteligência artificial que acompanham o aluno durante e pós-aula (24 horas), tirando dúvidas, avaliando seu perfil e propondo formas de aprender uma determinada disciplina de maneira individual, de acordo com suas características de aprendizado. E o que é essa aplicação se não um professor artificial? Essas aplicações são treinadas por professores reais, que as abastece de informações e conceitos.

As AI's, por sua vez, instruem os alunos sobre suas necessidades com linguagem natural e, à medida que interagem, são retroalimentadas de modelos mentais de aprendizado, implicando melhoria do ensino de maneira exponencial.

Saúde

"Uma das coisas mais humanas que existem é doar órgãos, mas eu acredito num futuro em que vamos doar não só órgãos, mas também dados."
Dra Mariana Perroni,
Médica intensivista e pesquisadora em AI

Existe um volume imenso de dados gerados, desde a entrada de um paciente a um atendimento e toda sua passagem pelo sistema de saúde, ao longo da vida. Mas o que ocorre é que a maioria dos dados é perdida e poderia gerar *insights* poderosos para a melhoria da qualidade dos sistemas de saúde e, em especial, na vida e a própria longevidade de milhões de pessoas.

Isso vem mudando com a inteligência artificial, desde a velocidade de atendimento, avaliando aspectos como grau de prioridade com casos similares em uma fila de espera, passando por assertividade de diagnósticos e tratamentos.

Clínicas e hospitais vêm coletando dados e criando algoritmos de AI para analisar exames de forma que dão com grau de assertividade alto os resultados desses testes, dando aos médicos e especialistas possibilidades maiores nas suas decisões e sequências de diagnósticos e tratamentos.

A AI de uma empresa ligada ao Google já é capaz de predizer mais de 50 tipos de doenças analisando os olhos de um paciente, como riscos cardíacos, câncer e até perfil de personalidade de uma pessoa.

CRIATIVIDADE EXPONENCIAL

Implantes e *wearables* poderão ser de uso comum e ajudarão a informar a situação de saúde de cada pessoa, diretamente ao seu médico em caso de urgência ou com regularidade para acompanhamento.

Se considerarmos que os veículos autônomos já serão padrão em futuro não tão distante, esses veículos que usam AI podem estar conectados aos seus implantes médicos de análise se identificarem que algo há algo errado com o seu coração, poderá mudar o trajeto de casa para o trabalho direcionando imediatamente ao hospital.

Em 2020, fomos pegos de surpresa e uma pandemia colocou à prova a capacidade de reação da medicina, mas certamente o volume de dados gerados pela própria pandemia, se for analisado por AI's, deverão elevar algumas áreas médicas que serão melhoradas de maneira exponencial.

A oncologia é uma das áreas mais desafiadoras, não só pelo grau de dificuldade das próprias patologias, mas também pela dificuldade de um médico em se manter atualizado com o volume de artigos científicos publicados anualmente, que chega a 75.000.

Hoje já é possível cruzar os dados de exames de um paciente com toda a literatura científica disponível, gerando resultados aos médicos e disponibilizando a eles, de maneira ranqueada, tratamentos com maiores chances de resultados positivos para cada paciente, em vez do que dá certo para a maioria dos pacientes.

Mobilidade urbana

Dirigindo em uma via expressa de São Paulo, a caminho de uma reunião, com trânsito caótico, ouvi uma buzinada. Quando olhei para o lado, um rapaz levantou a mão assustado. Eu havia mudado de faixa abruptamente, pois estava vendo uma mensagem em meu *smartphone*. Pedi desculpa e larguei o aparelho para seguir meu trajeto. Não me orgulho nada disso, digo para não fazerem o mesmo, mas é algo que vemos a todo o momento.

Ainda no caminho, parei em um semáforo e comecei a olhar veículo por veículo ao meu redor. Absolutamente todos os motoristas estavam com seus *smartphones* em mãos, resolvendo algo ou passando o tempo. Então pensei: isso não tem solução, é impulsivo! Existem regras de trânsito que multam, câmeras que analisam e punem financeiramente o infrator, bem como guardas de trânsito atentos a essas e outras irregularidades e nada resolveu o problema.

Comecei a imaginar qual seria uma possível solução para isso. Pensei em retrovisores e painéis que recebiam mensagens. AI's que lessem *e-mails* e respondessem aos nossos comandos de voz, entre outras. Nesse mesmo período, a Alphabet (*holding* do Google), por meio da sua marca Waymo e a Tesla já tinham a solução.

Os veículos autônomos têm como base o uso de inteligência artificial, que analisa dados de localização, rota e ambiente exterior para levar o veículo e passageiros até o destino, de forma segura e eficiente. Mas isso ainda representa uma pequena parcela dos impactos que gerarão à medida que seu uso aumentar e se popularizar.

Uma das vantagens dos veículos autônomos é que têm uma probabilidade estatística de se envolverem em acidentes de trânsito infinitamente menores que um humano. Uma vez que as AI's não se cansam, não se distraem, não dormem e não se irritam com uma buzinada. Se forem programadas para isso, também

CRIATIVIDADE EXPONENCIAL

não infringirão leis ou regras de trânsito e civilidade. Dessa forma, o trânsito e tráfego de veículos se tornarão mais seguros.

No Brasil, a cada uma hora, cinco pessoas morrem vítimas de acidente de trânsito. Além das perdas de vidas, o sistema de saúde fica completamente lotado, gerando ineficiência, baixa qualidade de atendimento do sistema com um todo e impactado em custos operacionais elevadíssimos que, por sua vez, implicam em cargas tributárias mais altas. O país destina cerca de 7% do PIB, que equivale a centenas de bilhões de reais para a saúde.

Com a redução drástica nas taxas de acidentes e mortes, há reflexos positivos em todos os sistemas acima relacionados. Isso implica mudanças também ao setor de seguros, de manutenção de veículos e de autopeças, pois menos acidentes resultam em menos danos. Se existem menos danos e menos produção de peças de reprodução, existe menos produção de plástico, borracha, aço e vidro.

Se eu não preciso dirigir, talvez eu possa ler, assistir a uma série ou fazer uma reunião de trabalho ou mesmo dormir um pouco mais. E se eu posso fazer tudo isso, tenho melhoria da qualidade de vida e saúde. São inúmeras as vantagens que os veículos autônomos trazem, que só são viáveis por causa da inteligência artificial e isso se aplicará também ao transporte de passageiros, cargas transportadas via rodovias, embarcações marítimas e aviação. Este último já é quase todo autônomo.

Existem ainda tecnologias como realidade virtual e aumentada que impactarão a educação, a saúde, o turismo, o entretenimento entre outras áreas. A robótica já é altamente usada em grandes indústrias, mas estará cada vez mais disponível para empresas de portes menores. A *Internet* das

WENDELL TOLEDO

Coisas já tem automatizado hospitais, *shoppings*, indústrias e residências, mas se tornará ainda mais viável e escalável à medida que se popularizar a transmissão de dados via 5 e 6G, assim como a própria realidade aumentada e virtual.

A nanotecnologia, além de estar presente em computação, agricultura e medicina, também ajudará a despoluir rios e lagos, sendo que isso já foi provado possível por cientistas da USP. A tecnologia *blockchain*, sistema descentralizado de dados, tornará a segurança de tráfego de dados maior, dando mais acesso a microcrédito, impacto social com possíveis reflexos no sistema bancário, pois cada pessoa poderá ser também um banco.

Tarefa

1. Identifique, considerando sua área de atuação, impactos positivos e negativos que as AI's podem causar.

2. Pesquise por soluções de AI's já existentes e sua área e busque aplicá-las nas suas atividades.

3. Crie, com base nisso, um plano de ação e comece a utilizar AI na sua área, por meio de uma solução terceirizada.

USE A INTELIGÊNCIA ARTIFICIAL A SEU FAVOR				
Área de atuação	Impactos positivos	Impactos negativos	Ação a realizar	Prazo

CONSIDERAÇÕES FINAIS

Fica muito claro que usar a criatividade como ingrediente principal, mesclado a tecnologias e métodos disruptivos, torna possível a expansão de todo o potencial humano em escala exponencial.

Dessa maneira, é possível tornar real a nossa imaginação usando de tecnologia para resolver problemas importantes, na melhoria de serviços, produtos e ações. Em contrapartida, todas essas possibilidades e oportunidades nos trazem responsabilidade. De nada adianta ter acesso a todo o conhecimento, tecnologia e criatividade se não forem colocados em prol da melhoria da sociedade, nessa e nas próximas gerações.

Nós criamos o futuro em nossas mentes e agora temos ferramentas para torná-lo real. Após olhar do outro lado do muro, não dá mais para voltar atrás. Não dá para deixar de saber o que já foi visto e aí o que faremos com esse conhecimento e a aplicação cabe a cada um de nós.

Desejo que você dê passos exponenciais e cause impacto positivo na sua vida e de outras pessoas.

Obrigado,

Wendell (@wendelltoledo)

Acesse o material complementar exclusivo no QR code a seguir. Aponte a câmera de seu celular para a imagem abaixo.